「笑い」の解剖

経済学者が解く
50の疑問

中島隆信

慶應義塾大学出版会

「笑い」の解剖・目次

ブックデザイン　守先　正
カバー画　柏　大輔

序章　なぜ「笑い」を解剖するのか？

人間の特権ともいえる「笑い」は私たちにとって、とても身近な存在である。日常生活では何気ない会話でも普通に笑うし、ときに笑いを求めて寄席や劇場に出かけたり、テレビのバラエティ番組を見たりもする。

私自身、笑いは子どもの頃から好きだった。小学生時代には、親にねだって『8時だヨ！全員集合』を観に文京公会堂まで連れて行ってもらったし、中学のときには興津要編『古典落語』にはまり、シリーズ全編を買い揃えた。通学の電車内で読みながら思わず声に出して笑ってしまい、周囲から奇異な目で見られたこともあった。高校時代は夏目漱石『吾輩は猫である』に出てくる苦沙弥先生と迷亭の軽妙なやりとりが面白く、幾度となく読み返したことを覚えている。

現在私は大学で経済学を教えているが、教科の内容を90分間ただ話すのでは、聞くほうもつらいだろうし話すほうもつらい。少なくとも20分おきに学生を笑わせようと苦心しているが、なかなか笑ってくれない。外部の講演に呼ばれたときでも、同じように冗談を言って聴衆に笑ってもらえるよう工夫していて、こちらのほうは比較的うまくいくことが多い。私のジョークの創作能力にも問題があるのはたしかだが、なぜ講演でウケるのに学生相手ではスベるのか、原因がわからない。笑いというのは不思議だといつも考えていた。

どんなことも放っておかず立ち止まって「なぜ?」と考えるのを習慣としている私は、こうした疑問についても「そんなの面白いから笑うし、つまんないから笑わないに決まってるだろ」などとツッコミを入れてチャラにすることができなかった。

＊　＊　＊

さて、「笑い」を研究対象とするにあたり、まずはじめになぜ人は笑うのかを考えてみた。笑いの原因が世の中の〝不自然さ〟にあることはすぐに気づいた。当たり前のことで人は笑わないからだ。次に、笑いというのはその不自然さを〝チャラにしている〟のではないかと考えるようになった。なぜなら、「アッハッハ」と笑うと気持ちのよい解放感が得られるからだ。

そこまで考えた段階で、笑いをテーマに書かれた著作をいくつか集めてみた。そうしたところ、なんとギリシャ時代から哲学者たちが「笑いとは何ぞや」という疑問と格闘してきたことがわかった。また、心理学の分野でも、どのような脳の働きによって笑いが生まれるかについて、さまざまな研究がなされてきたことも知った。

こうしたサーベイをしてもなお、私にはひとつ解決されない疑問があった。たしかにこれまでの理論は、いくつかの笑いの原因についての説明には成功している。だが、なぜ同じ冗談でも笑う人と笑わない人がいるのか、なぜ同じ人でも笑えるときと笑えないときがあるのか、そうした笑いの多様性について十分な説明ができているとは思えなかった。

私は『障害者の経済学』という本を執筆したこともあるので、脳機能障害である自閉スペクトラム症についても関心を持っている。これまで自閉的傾向を持つ人たちの特徴に注目してきた経緯から、笑いには脳の機能が深くかかわっているのではないかと考えてきた。だが、現在の脳科学研究において、笑いの構造が十分に解明されているとは言いがたい。自閉的傾向が強まればユーモアを感じにくくなることは経験的に知られているだろうが、どの部位にどのような問題が発生したため、笑いにくくなったかについては謎のままだ。

そのとき、私が思いついたのは、不自然さがどのようなステップを踏んで笑いに至るかについて、過去の研究を参考に自分なりの仮説を立て、それをさまざまな事象に照らして頑健性の検証をしてみたらどうかというものだった。そして前述のような笑いの多様性を前提とするならば、各ステップをクリアするために脳に何らかの負荷がかかっており、その負荷を軽減しステップをクリアできたとき、不自然さが笑いとしてチャラになるのではないかと考えた。このように考えれば、笑うのは負荷が軽減できたときで、笑わないのは軽減できなかったときだと解釈できる。これは、サバイバル分析の応用ともいえる。

この仮説に基づけば、笑いがビジネスになる理由も説明できる。そもそも脳の負荷を効率よく軽減し、不自然さをスムースにチャラにできる能力を身につけるのは容易なことではない。つまり、笑いのプロフェッショナルになるには特別な技能が求められ、それをマスターした達人だけがお笑いビジネスにおける成功者になれるのである。そして、その技能を定型化することができれば、お笑いは大きな産業になるはずだ。

こうして次章で紹介する笑いの「四段階説」を組み立て、笑いに関連するさまざまな現象を説明しようと試みているうち、私は次第に人間の脳の中に入り込んで、神経伝達物質の行き来を覗いているような錯覚にとらわれるようになってきた。そんなとき、私の主宰するゼミで、笑いについて話す機会があった。そこでひととおり私の仮説について講義をしたあと、「今度、いま話した内容を本にまとめようと思うのだけれど、この本はどんなタイトルがいいのかなぁ」と呟いたところ、あるゼミ生が「先生、『「笑い」の解剖』ってどうですか？」と提案してくれた。

たしかに今回は〝経済学〟というタイトルをつけるほど経済学的思考を駆使してはいない。笑いに至るまでのプロセスについて「ああでもない、こうでもない」と考えた結果として「四段階説」にたどり着いている。そして、脳内を覗いているという感覚もある。「そうだ、『「笑い」の解剖』にしよう」と、そのとき決断したわけだ。

*　*　*

本書の構成について簡単に述べておこう。第1章の冒頭では、本書の考え方のベースとなる笑いの「四段階説」の内容について詳しい説明がなされている。それ以降は、笑いに関するさまざまなクエスチョンに答えるかたちで話が進んでいく。したがって、まずはこの章をお読みいただき、私が提唱する「四段階説」についてご理解を賜ればありがたいと思う。それ以降は、テーマ別になっており、特に順番は関係ないので、どの章から読んでいただいてもかまわない。笑いをテーマにしながら、〝笑えない本〟になっている点はお詫びのしようもないが、楽しく読んでいただければ著者としてそれにまさる喜びはない。

なお、本書で取り上げたすべての姓名には敬称を略させていただいている。ご了承いただければ幸いである。

第1章　総　論

（Q❶ 人間はどのようにして笑いに至るのか）

序章で述べたように、笑いに到達するまでにはいくつかのステップがある。本書では、この考え方を笑いの「四段階説」と呼ぶことにする。以下では、この理論を構成する各ステップについて説明しよう。

第1ステップ：不自然さを認知すること

笑いは、脳がある現象を不自然なことと認知するところから始まる。不自然さはその人が何を〝自然〟だと考えているかによって決まる。自然とは、私たちが普段から当たり前とみなしていること、すなわち〝スタンダード〟である。

私たちは日常生活において〝スタンダード〟から外れない物事に関しては深く考えずに反応し、行動をとっている。たとえば、朝起きて家族と顔を合わせたとき、「おはようございます」と言われれば「おはようございます」と返すし、食事前に「いただきます」と言うときも特に考えていない。

こうした脳による処理方法については、2002年にノーベル経済学賞を受賞したD・カーネマンの著書『ファスト&スロー』で紹介されているシステム1とシステム2という心理学の考え方が参考になる。同書によれば、

●「システム1」は自動的に高速で動き、努力はまったく不要か、必要であってもわずかである。また、自分のほうからコントロールしている感覚は一切ない。

●「システム2」は、複数の計算など頭を使わなければできない困難な知的活動にしかるべき注意を割り当てる。システム2の働きは、代理、選択、集中などの主観的経験と関連づけられることが多い。

となっており、システム1は〝スタンダード〟の枠内に収まることについて処理をする。このようなシステムが人間に備わっているのは、身に迫った危機に対してすばやく反応するためであり、また多くのエネルギーを必要とする脳に余計な負荷をかけないためである(1)。

したがって、何か物事が起きたとき、脳は〝スタンダード〟に照らして自然なことか不自然なことかを判断する。自然なことならシステム１に仕事をさせ、脳に負荷をかけず行動する。一方、不自然なことならシステム２の働きに切り替える。すなわち、笑いとはシステム１からシステム２に役割が移るところからスタートする。

第2ステップ：不自然さをもたらす主体に親しみを持っていること

システム１から処理を任されたシステム２は、まず対象となる不自然なことが忌避すべきことか受け入れるべきことか判断する。

たとえば、登山中に目の前に突然熊が現れたとする。これは命の危険にかかわることであり、速やかに現場から立ち去ることが望ましい。システム２はこの危機的状況からどう逃れるべきか知恵を出し、からだの各部位に命令を下す。一方、町を歩いていて懐かしい学生時代の友人と数十年ぶりに偶然再会したとする。これは不自然な出来事だが、相手が親しみを持てる友であるため、その事実を受け入れ、「ちょっと一杯飲もうか」ということになるかもしれない。

この二つの例は、不自然なこととそれをもたらす主体が同一だったが、常にそうとは限らない。さきほどの登山中に熊が現れた事例において、実は遭遇したのは本物の熊ではなく、人間が中に入ったぬいぐるみだったとしよう。この場合、不自然さは熊らしき物体の出現なのだが、それをもたらしたのはぬいぐるみの中に入っている人間である。

このとき、その人間に親しみが持てるかどうかが重要だ。もし、普段から一緒に悪ふざけもする友人たちが仕組んだことだったら、「ビックリさせんなよ〜」と不自然さを冗談として受け入れ、笑ってすますことができるだろう。ところが、（実際に起こり得るかどうかは別として）一面識もない人あるいは自分に悪意を持つ人がいやがらせとしてやったのであれば、到底受け入れることはできないだろう。恐怖が去った後に怒りの感情が湧いてくるにちがいない。笑いに至るには、不自然さをもたらす主体に親しみを持っていることが欠かせないのである。

第3ステップ：不自然さに対する非当事者性があること

第2ステップをクリアしたあとシステム2が考えるのは、不自然さそのものへの対処法である。そのとき、不自然さに対する当事者性のあるなしが重要である。

ベルクソン『笑い』のなかに、「往来を走っていた男がよろめいて倒れる。すると通りがかりの人びとが笑う」という記述がある。このとき「倒れる」という行為は不自然であるから第1ステップはクリアしている。

第2ステップの親しみを持つという点だが、ここでの〝倒れた男〟について次の三ケースを考えよう。

①　警官に追いかけられている万引き犯
②　高齢の自分の父親
③　ゆるキャラの着ぐるみ

まず、①の場合、万引き犯に対する親しみはなく、通りがかりの人が笑うとは考えられない。むしろ警官に協力して転んだ犯人を取り押さえようとするのではないだろうか。②は通常の親子関係であれば親しみはある。③はこのゆるキャラに通常の市民感覚での親しみを抱いていれば問題ない。したがって、笑いにつながり得るのは②と③のケースである。

そのうち②は、親しみはあるものの、自分の父親であることから当事者性が強い。それゆえ倒れたことによってケガをしていないか心配するはずだ。だが③は、ゆるキャラやそのなかに入っている人（おそらく男性）が倒れたことに対する当事者性は低いだろう。そのため、笑いにつながる可能性が高くなる。

第4ステップ：不自然さから心の解放ができること

笑いに到達するための最後のハードルは、不自然なことを清算しチャラにする〝心の解放〟である。これはシステム2が働きを放棄するという意味である。

不自然さを認知し、それをもたらした主体への親しみがあり、不自然なことに対する非当事者性という条件が満たされたとしても、そこからの心の解放ができなければ笑いにはつながらない。第3ステップのケース③でいえば、「なぜゆるキャラが倒れたのだろうか」とか「この場面でゆるキャラが倒れるのは納得できない」などと考えてしまうと、システム2の働きが継続されてしまい笑えなくなる。そのときは、満足できる答えが見つかるまでシステム2が作動し続け、答えが見つからず心の解放をせざるを得なくなった時点で笑いに至る。つまり、笑うためには、ゆるキャラが倒れたという事実を受け入れたうえで、清算しなければならないのである。

この第4ステップの働きはとても重要である。なぜなら、これによって私たちは不自然さにいつまでもかかずらうのをやめることができ、結果として脳の負担が軽減されるからである。この脳負担の軽減こそが笑いのもたらす〝快感〟だと考えられる。

以上の「四段階説」をフローチャートで表したものが次の図1－1である。

図 1-1 「四段階説」のフローチャート

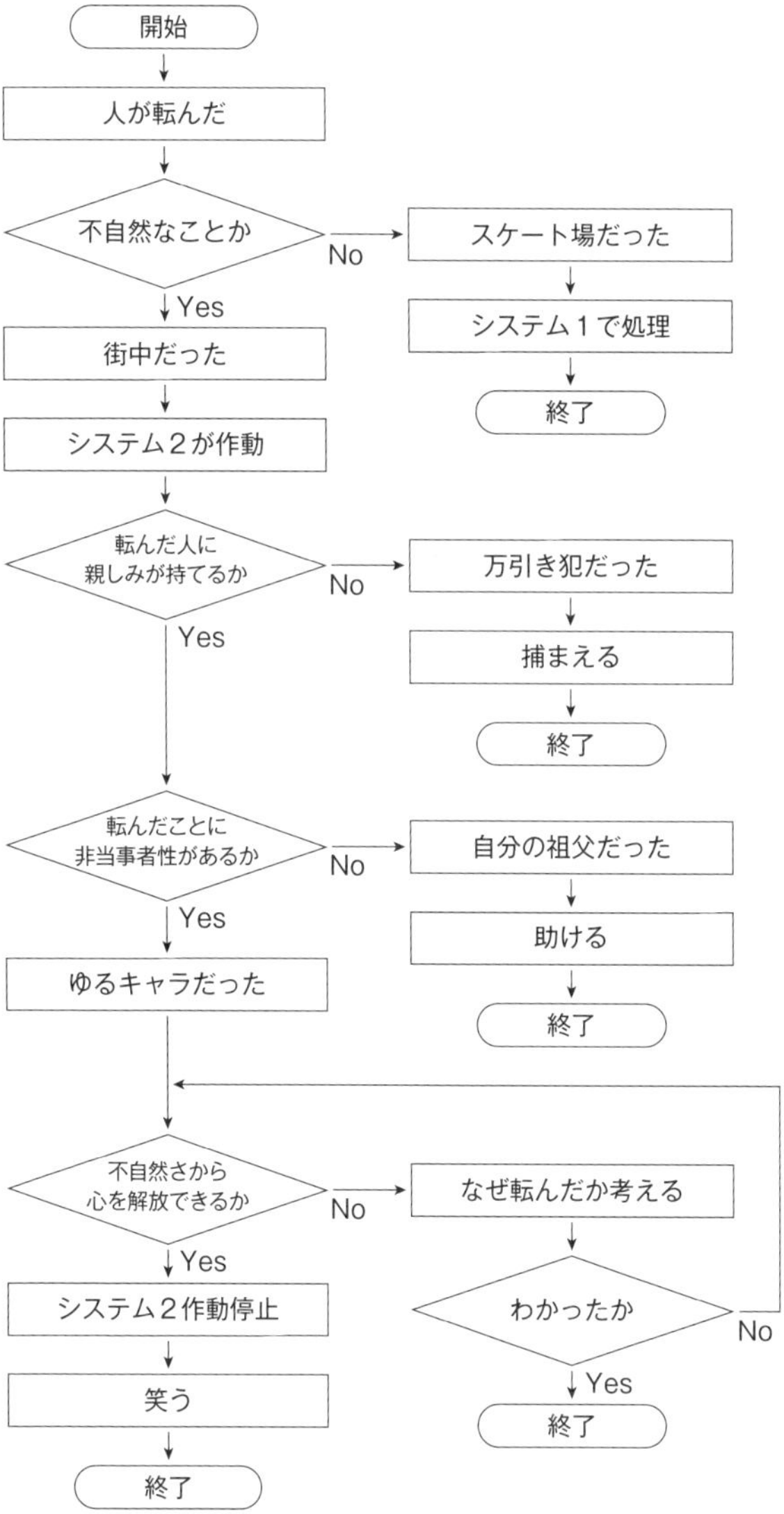

Q❷ 笑いはこれまでどのように研究されてきたのか

笑いは人間特有の感情表現であることから、これまで数多くの学者が関心を持ち研究対象としてきた。古くはギリシャ時代のプラトンやアリストテレスまでさかのぼることができる。ただ、複数の学者が時代を超えて類似の説を唱えてきたという経緯もあることから、ここでは代表的ないくつかの理論に統合したうえで、Ｑ１で述べた「四段階説」と対比させながらそれらを紹介することにしよう[2]。

① 優越理論（プラトン＝アリストテレス＝ホッブス）

この理論は、対象を見下し優位に立ったときに笑いが起こると説明する。つまり失敗を〝笑いもの〟にするということだ。たとえば、仕掛けられた罠にひっかかる人（「どっきりカメラ」や「モニタリング」など）や常識を問うクイズにトンチンカンな答えをする人（「おバカキャラ」タレントなど）のことを笑う場合である。

ここでいう〝失敗〟には、いわゆる〝事実上の標準（de facto standard）〟から外れるケースも含まれる点に注意が必要である。たとえば、肌の色などで〝スタンダード〟とは異なる何らかの身体的な特徴を持つ人がいたとしよう。実際、このちがいは何ら〝失敗〟ではないのだが、それをあえて見下すことによって笑いの対象とすれば、優越理論に基づく笑いの一種ということになる[3]。

「四段階説」との整合性を考えよう。〝失敗〟や〝非常識〟は不自然なことであり、笑いの第1ステップはクリアしている。第2ステップでは、不自然さを引き起こす要因に親しみを持てるかどうかが鍵になる。したがって、罠やクイズの内容がきわめて悪質ないし下品だったりすると、笑えなくなる（シャレにならない）可能性が高い。さらに第3ステップの〝非当事者性〟条件では、笑われている対象が自分の身近な存在だったり、自分も同じようなことをされた経験があるときには笑えないだろう。そして、第4ステップでは「もしかしたらヤラセではないか」とか「これは差別またはイジメになっていないか」などと考えると笑えなくなるが、深く考えずに受け流すことができれば心の解放につながり、笑いに到達できるだろう。

ただ、優越理論では説明できない笑いもたくさんある。〝なぞかけ〟やダジャレはその典型だろう。たとえば、「坊さんとかけて、朝刊と解く。その心は、袈裟着て（今朝来て）、経（今日）読みます」（ねづっち作）を聞いた人は笑うと思うが、そこに登場する僧侶や新聞を見下しているわけではない。また、私がゼミ生に対して、「君たちは俊英揃いの8期《はっき》生《せい》なんだから、もっと実力を発揮《はっき》せい！」などというと学生は笑う（笑ってくれる？）が、誰かを貶めて笑いをとっているわけではない。

② 解放理論（フロイト）

この理論では、笑いは鬱積した心的エネルギーが臨界値に達したとき、それが外部に放出されることによって生まれると考える。たとえば世間には常識、モラル、社会通念など私たちの言動を一定の枠内にとどめさせる〝制約〟が存在している。ということは、私たちは常に欲求不満を抱えており、私たちを拘束している枠の外に飛び出したいという動機を持っていることになる。

その現れとして考えられるのが、性的ジョーク（下ネタや猥談）や攻撃的ジョーク（からかい）である。性に関する話は普段大っぴらにできないため、クローズドな環境、たとえば男だけの飲み会の席などで笑いの材料にされることがある。また、特定の人種やマイノリティへの攻撃はタブーであり、限られた場所やメンバーのなかだけでなされるだろう。風刺や皮肉などの笑いは、抑圧された市民による権威者へのささやかな抵抗といえる。

解放理論と「四段階説」との関連でいえば、常識やモラルに反するという点で不自然さの条件は満たされている。また、ジョークを言い合う当事者たちは同等の制約を課せられており、互いに親しみを持っているだろう。そして、ジョークの対象となる相手との当事者性も存在しない。そしてジョークで鬱憤を晴らすことができれば心の解放ということで笑いに至る可能性は高くなる。

ただ、解放理論には批判もある。まず、笑いの材料には常に〝反社会性〟があるわけではない。くすぐられて笑うのは常識を覆す行為でもないし、権力者への反抗でもない。また、露出度の高い格好で観客を笑わせる芸人がいるが、その面白さは服を着ていることがあたりまえという社会通念を覆すことによる鬱積した心的エネルギーの解放というほど大袈裟なものではないだろう。

③　不一致理論（ボルフ=ショーペンハウエル=カント=サルス）

この理論では、笑いは予想と現実の不一致によって起こると説明する。たとえば、いかにも西洋人らしく見える人が流暢に大阪弁を話すとき、そっくりに見える二人が実はまったくの他人だったとき、マジックで当然あるはずのコインが消えているときなどである。

先に紹介した〝なぞかけ〟にも不一致理論があてはまる。「AとかけてBと解く。その心は

C」のケースでは、一見すると関係なさそうなAとBが実はCでつながっていたという点で予想と現実の不一致が笑いを誘うのである。

これを「四段階説」に照らしてみよう。予想と現実がズレることは不自然なことなので笑いの原因となる。第2ステップについては、親しみを感じられるマジシャンの見せる手品ならばクリアできるだろうが、未曾有の自然災害ということになると、原因である台風や地震には親しみを持てないので笑いにはつながらない。不一致をもたらしている現象に当事者性がなければ、第3ステップはクリアされる。

ただ、1万円札を消すという手品で、観客が差し出した札を本当に消してしまったら、当事者性が発生して笑えなくなる。そして最後に、不一致の存在に〝こだわり〟を持たず、それをチャラにすることができれば、すべてのステップがクリアされ、笑いにつながる。しかし、もし手品のトリックがどこにあるかを考えてしまうと笑えなくなる。

この理論への批判としては、不一致の存在は笑いの必要条件にすぎないという点が挙げられる。乗り物酔いは予想と現実のズレによって起こるが、どう見ても苦しんでいるようにしか思えないだろう。

④　こわばり理論（ベルクソン）

　ここでは、笑いは「機械的なこわばり」によってもたらされると考える。人間は本来、状況に適応してしなやかに行動するはずであるのに、機械的なこわばった行動をとることが笑いの原因とされる。

　喜劇王・チャップリンの『モダン・タイムス』という映画は、20世紀初頭に機械文明が浸透していくなか、機械の支配によって人間の尊厳が失われていくさまを風刺したものである。その映画の〝おかしさ〟は、しなやかであるはずの人間が機械と同化し、機械のようにこわばって動くところにある。同じことは、機械仕掛けのように動くことで笑いを誘うパントマイムにもあてはまる。

「四段階説」との関連でいえば、こわばり理論は第1ステップの説明をしているだけであって、こわばりの存在がそのまま笑いにつながるとは必ずしもいえない。その点は、Q1における〝転んだ男〟を笑えるかどうかの議論と同じである。対象が高齢者だったり自分の関係者だったりすれば、笑えないのである。

⑤　オンデマンド活性化拡散理論（ハーレー＝デネット＝アダムズ[4]）

〝活性化拡散〟とは、脳が知識を長期記憶として蓄えるさいの構造に関する心理学的な考え方のひとつである。脳は膨大な知識を保存しているが、それを場面に応じて短時間で引っ張ってくるためには、記憶領域に一定の構造が存在しているはずである。すなわちさまざまな情報はカテゴリーごとに分類、階層化され、ネットワークを形成していると考えられる。〝活性化拡散〟の考え方は、これら複数のカテゴリーは独立に存在しているのではなく、互いの関連性に応じてつながりを持っているとみなす。こうすることで、ある特定の刺激を受けた脳の活性化は異なる概念を飛び越えて広がっていく。つまり、即時的な反応を示すことができるのである。

ある状況に置かれたとき、脳はオンデマンドでこの長期記憶の構造に従って予測を立てる。この理論は、その予測と現実が食い違い、長期記憶の構造に変更を余儀なくされたときに笑いが生じると考える。そしてこの予測が強固な長期記憶に基づくもの、すなわち信念に近ければ近いほど、活性化したあとの食い違いによって生じる笑いは大きくなる。

この理論は、「四段階説」の第1ステップを認知心理学の新しい考え方に基づいて詳細に説明したものと解釈できる。ただ、その後のステップを考慮していないため、笑いの有無が予測と現実のギャップの大きさだけで決まってしまう。これでは、筋書きのわかっている寄席の古典落語で大きな笑いが生じる理由を説明できない。

⑥ 無害な逸脱理論（マグロウ）

この理論では、「ものごとが『正しくない、不安な、または危険な状態』（逸脱）でありながら、同時に『問題ない、受け入れられる、安全』（無害）と思われる場合にのみ笑いは発生する[5]」と考える。たとえば、誰かが転んだ（逸脱）とき、それが高齢者（問題あり）だったら笑えないが、ピエロ（無害）だったら笑いになる。

この理論は「四段階説」の簡略版である。まず、「逸脱」は第1ステップの不自然さに相当する。そして「無害」は第2～第4ステップがまとめてクリアされるという意味で使われている。しかし、三つのステップを「無害」の一言でまとめてしまうと、ある不自然なことを笑えなかったとき、その原因は「無害ではなかった（問題があった）から」という同義反復に近い説明に終わってしまう。なぜ問題があったのかステップごとに細かく見ていくことにより、何が笑いの阻害要因になっているかがより明確になると思われる。

以上のように、これまでの理論は、個別の笑いについて一定の説明力は持つものの、汎用性という点で問題があると考えられる。そうなる理由は、笑いの内容そのものに原因を求めているからである。不自然さが笑いにつながるためには脳に一定の負荷がかかるという点に着目する必要がある。

Q❸ 人間にとってなぜ笑いが必要なのか

哲学者・アリストテレスは『動物部分論』のなかで「笑うのは人間だけである」と述べている。犬やチンパンジーなどの動物でも〝喜び〟を表現することはあるので、笑いの定義を広範囲にとれば人間だけではないかもしれない。ただ、Q1で示した「四段階説」のような複雑なシステムだと定義すれば、おそらく高度に進化した笑いは人間の特権ともいえるだろう。むしろ、笑いが人類の進化プロセスに乗ってきた背景を考えると、私たちの祖先が環境の変化に適応しつつ生き残っていくためには、笑いが必要だったということになる。

なぜ、生まれたての赤ちゃんが笑うのだろうか。これは〝新生児微笑〟と呼ばれる現象で、誰かに反応しているわけではなく自分から進んで笑っているという意味から〝自発的微笑〟ともいわれる。

こうした機能が本能として組み込まれているには理由がある。すなわち、自らの要求を言語で表現できない新生児にとって、泣くことと同じく笑いも生きるうえで不可欠の意思伝達手段といえる。大声で泣いているだけでは、親から愛想を尽かされるかもしれない。そんなとき笑顔という大人へのご褒美は、新生児が生き残るための必然的手段だったはずだ(6)。

生後2～3カ月の乳児になると、外からの刺激（〝いないいないばあ〟や〝高い高い〟など）に対して笑うようになる。その無邪気な笑いは大人たちを和ませる。こうした他者の存在を意識した〝笑み〟ないし〝ほほえみ〟（英語のスマイル）は、〝社会的笑い〟ないしは〝非自発的笑い〟と呼ばれ、人間が社会生活を営むうえで必要なコミュニケーション・ツールとして進化してきたと考えられる。すなわち、笑顔は他者に〝敵意〟がないことを示し、共感を求める手段である。たとえば、多民族国家のアメリカでは、エレベータなどの密室で他人と居合わせたとき、〝ハイ（Hi）〟と声を出して笑顔をつくることが多い。それは素性のわからない相手への警戒心を解き、その場を安全な空間にするための工夫である。すなわち、こうした非自発的な笑いは、Q1のような四つのステップを踏むことはない(7)。

それでは、「四段階説」のような複雑なプロセスを経る笑いは、人類の進化との関連からどう説明されるのだろうか。この手の笑いは、明らかにつくり笑いではない。かといって新生児のような純粋な〝自発的微笑〟（何もないのに微笑んでいる）というわけでもない。あくまで外からの刺激への反応として心から笑っているのである。だとすると、「四段階説」の笑いも人間の本能との関連において考えるのが妥当である。

人類はチーターのように速く走れるわけでもなく、象のように巨大なわけでもなく、サルのように身軽なわけでもなく、サイのように硬い皮膚で覆われているわけでもない。その理由は、生き残るために必要な身体的能力を放棄する代わりに、全体の20％のエネルギーを消費する巨大な脳を進化させてきたからである。人類はその高い能力を持つ脳を活用することで道具を発明し、言語をつくり出し、社会を構成していった。

その代償として人類の抱え込んだものがストレスである。脳から分泌されるストレスホルモンは、血糖値や血圧を上昇させ筋肉のパフォーマンスを高める。これは猛獣などの外敵に素早く反応し、身を守るためには合理的な作用である。しかし、人類が集団で活動するようになれば、人類同士のいさかいという〝内なる敵〟も登場してくる。外敵は追い払えばいなくなるが、〝内なる敵〟を追い払うわけにはいかない。こうなると、どこかでストレスから心を解放する手段が必要となるだろう。

それが「四段階説」で説明される人間の笑いと思われる。つまり、身の回りの〝不自然なこと〝を追い払うのでもなく、解決するのでもない。笑いによってチャラにするのである。この笑いという手段をマスターし、進化させたことによって、人類は健康に害を及ぼすキラーストレスと共存することができるようになったのである。(8)

(Q❹ 男性と女性の笑いにちがいはあるか)

「箸が転んでもおかしい年頃」という言い回しがあるが、これには「なんでもないこともおかしがって笑う年頃。女性の10代後半をいう」(『大辞林』)との説明がある。また、大阪の男性からは、「女性に『おもんない(面白くない)』と言われるのがショック」という話をよく聞く。お笑いの世界を見渡しても、「M1グランプリ」の観客には若い女性が多いし、売れている芸人は圧倒的に男性だ。つまり、男性は〝笑わせる側〟で、女性は〝笑う側〟という仮説が成り立つように思える。

実は、この仮説の検証は心理学における重要な研究テーマのひとつとされ、これまで多くの論文が発表されてきた。もちろん、性別に関係なく人間はユーモアを好むのだが、「自分のユーモアを笑ってもらう」ことと「相手のユーモアを笑う」ことのどちらにより強い選好がある

か尋ねられると、男性は前者を選び、女性は後者を選ぶ傾向にあるということが、これまでの研究から明らかになっている。(9)

この結果は人間の生理とも整合的である。女性ホルモンのエストロゲンは、オキシトシンの分泌やセロトニンの活性化を通じて、共感力を高め気持ちを安定化させる働きをするとされている。よって、このホルモンが多く分泌されていれば、「四段階説」の第2ステップのクリア条件である「不自然さをもたらす主体への親しみ」は増幅され、第4ステップにある「不自然さからの心の解放」も容易になることから、笑いにつながりやすくなると考えられる。

進化心理学（evolutionary psychology）の研究者らは、こうした男女の笑いの役割分担について、人類が子孫を残すために必要なスキルという観点からの説明を試みている。たとえば、クジャクのオスは豪華絢爛な羽を広げて多くのメスを惹きつけようとする。これは、逞しいオスがより多くの子孫を残すことを目的に進化したスキルである。このロジックを人間にあてはめれば、能力の高い男性は女性を魅了すべくユーモアを身につけ、女性は男性に気に入ってもらえるようユーモアを評価する手段として、笑いの作法を身につけたということになる。そして、イェール大学のS・カウフマンらは、ユーモアと知性の関連性をテーマとする研究論文をサーベイした結果として、ユーモアを創作し、その面白さを理解するうえで、知性と創造性が要求されると述べている。[10]

ただ、こうした説明には反論もある。[11]カンザス大学のJ・ホールは、フェイスブック上で開示されたユーモラスな振る舞いを分析した結果、ユーモアの創作には知性よりも〝外向性〟のほうが重要だと結論づけている。そして、外向性はジェンダー（社会的・心理的性別）の影響を受けやすいことから、これまでの笑いの男女差に関する分析結果を鵜呑みにすることに警鐘を鳴らしている。すなわち、面白いことを言って笑わせるのは男らしく、そのユーモアを面白がって笑うのは女らしいとする世の中の支配的な考え方がその背景にあるというのである。

また、コネチカット大学のR・バーレカは、一般に男性が好んで話すような〝下ネタ〟を女性がしゃべらないと思われているのはユーモアの生産が不得意だからではなく、女性の口から下品な冗談を聞きたくないという男性に配慮してのことだと指摘する。その証拠に男性がいないところでは女性も〝猥談〟に花を咲かせているという。[12]

こうした笑いの進化論的解釈の妥当性はともかく、男性によるユーモアの創作が自らの知性のレベルを示すシグナルになっているという仮説は、Q1で示した「四段階説」と整合的である。なぜなら、笑いを人工的に発生させるのはなかなか骨の折れる作業だからである。すなわち、笑わせようとする相手の〝スタンダード〟を理解したうえで不自然さを構成し、自分に親近感を持ってもらったうえで、不自然なことに対する非当事者性を意識させ、最後にそこから心を解放してもらうよう仕向けなければならないのだ。

このプロセスに従って意識的に相手を笑わせようとするには、それなりに高度な観察力と創造力が求められる。つまり、笑いの創作には高いコストがかかるのである。好きな人に自分を気に入ってもらうためには、それだけの努力が求められるということなのだ。

Q❺ 笑いに群集心理はあるか

1895年、フランスの心理学者ル・ボンは人間は集団になると人格を失い、操縦者の意のままに行動するようになるとしたうえで、当時の社会現象の多くにこうした群集心理の状態が見られると指摘した[13]。

ル・ボンによれば、群集心理の法則は以下の5点にまとめられるとされる。

① 衝動的で動揺しやすく興奮しやすい
② 暗示を受けやすく物事を軽々しく信じる

③　感情が誇張的で単純である
④　偏狭で横暴で保守的傾向がある
⑤　道徳水準が低い

すなわち、人間は集団を形成すると、興奮状態に陥りやすく、正確な判断力が失われ、思考力が落ち、個人のアイデンティティが低下し、モラルの維持が困難になるということである。こうした傾向は、現在でも、デモ隊の暴徒化、イジメの暴走、ネットでの炎上などにおいてしばしば観察される。

ただ、群集心理には負の側面のみがあるわけではない。たとえば、個人では恥ずかしさが先に立ってやりづらい街頭での募金活動も、集団をつくれば大胆に声を張り上げることができる。また、群集心理の効果によって、集団には単に個人の力を寄せ集めただけではない大きな力が生まれることから、それが社会を動かすきっかけになることもある。

Q1で示したように、笑いには脳の働きがかかわっており、最終的には相好を崩し、声を発して不自然なことから心を解放するという感情表現にまで至る。したがって、ル・ボンの法則がそのままあてはまると考えられる。

まず、興奮しやすくなれば、感情表現としての笑いは〝爆笑〟というかたちになって現れやすくなる。次に、普段ならさほど不自然とは思えないことや到底チャラにはできないような深刻なテーマであっても、集団内で笑っていいことだという暗示がかかっていれば笑っても大丈夫という雰囲気をつくる。さらに、感情が単純化すれば、システム2の働きが弱るので、普段なら歯牙にもかけない質の低いジョークであっても簡単に笑うだろう。(14) そして、偏狭で保守的な考え方は、集団の外にある価値観を軽蔑し、笑いの対象とする傾向を強める。最後に、世の中の不自然なことはしばしば反社会性を有するため、道徳性の低下は笑いのネタをつくりやすくする。

第3章以降で詳しく述べるが、笑いのビジネスは「笑いたい」と望んでいる客だけを集め、上記のような群集心理の性質を巧みに利用して通常よりも大きな笑いをつくり出すことに成功しているのである。

Q❻ AIは人を笑わせられるか

笑いは、Q1の第1~第4ステップがクリアできて生まれる。ということは、人工知能(A

I）がクリアの仕方をマスターすれば人を笑わせることが可能になるはずだ。最近のAIには記憶に加えて学習能力もあるので、さまざまな状況下で生じる笑いについての情報を収集し、解析していけば、芸人にとって代わる日もそう遠くないかもしれない。

NHKが2018年10月に放送した「AI育成お笑いバトル　師匠×弟子」という番組は、お笑い芸人らが師匠となってAIを弟子として育てていくという企画を紹介したものである。まず、各師匠は自分の面白いと思えるネタをAIに記憶させる。そして、AIはそれをもとに学習し、自らネタをつくり出す。番組では、与えられた〝お題〟に解答する〝大喜利〟形式でAIのネタが披露された。AIの解答には各師匠の個性もそれなりに発揮され、興味深い内容になっていたと思われる。

ただ、AIが四つのステップすべてをクリアするためにはまだハードルが高いと言わざるを得ないだろう。まず、第1ステップの〝不自然さ〟は何が〝スタンダード〟かによって決まってくるため、状況に応じた使い分けがなされなければならない。第3ステップについても、笑わせる相手に非当事者性があるかどうかは置かれた状況によって変化する。したがって、この二つのステップをクリアするには、AIが多くの事例を学び経験を積んでいかなければならないだろう。また、第4ステップをクリアできるかどうかは、笑う側に不自然さをチャラにできる準備が整っているかどうかがポイントとなるので、笑わせる側が人間でもＡＩでも関係ない。むしろ、寄席やお笑い劇場のように観客が心の解放を求めて集まっているところでうまいネタづくりさえすれば、比較的容易にクリアできると思われる。

　ＡＩで問題になるのは、何といっても第2ステップの〝親しみを持つ〟ことに尽きるだろう。なぜなら、不自然さを発見／創作する機械に対して人間が親しみを持つのはそう簡単ではないと思われるからだ。実際、ソニーが開発した犬型ロボット〝ＡＩＢＯ《アイボ》〟は、その愛くるしい仕草が笑いを誘うけれども、それは人間になつきやすく従順な〝犬〟の形をしているからにほかならない。グロテスクな姿をした動物や無機質な〝機械〟色の強い形をしたロボットだったとしたら、あれほどの評判にはならなかったはずである。

　介護ロボットについても、排泄やリハビリ用であれば、形状が〝機械〟であっても問題はなく、むしろそこに人間的な感情が介在しないほうがサービスを受ける側にとっても望ましいといえよう。ところが、コミュニケーションロボットということになると、親しみを持てるかどうかが重要となるので、ヒト型ないしはペット型がふさわしいだろう[15]。

　ただ、ここで難しいのは完璧な〝ヒト型〟だったら親しみが持てるのかという点だ。サイエンスライターのＧ・ザルカダキスは、「ロボットが人間に似れば似るほど、ロボットに対する親近感、あるいは愛情も増してくるが、不気味なくらい人間に似た途端、親近感はゼロよりも下に落ちてしまう」[16]と指摘し、これを「ウンハイムリッヒ（不気味）の谷」と呼んでいる。つまり、ロボットに親しみを持ってもらうためには、ほどほどに人間らしいことが肝要なのだ[17]。

このように考えると、笑いにおいてＡＩが活躍する場面は、ネタづくりにとどまるのではないだろうか。たとえば、「ＡとかけてＢと解く。その心はＣ」といった〝なぞかけ〟の創作は、まったくちがって見えるＡとＢに共通する要素であるＣを見つけることであり、膨大な情報を瞬時に処理できるＡＩが最も得意とする作業のひとつといえよう。ただ、創作した〝ネタ〟を状況に応じて使い分け、人前で笑いに転換するのは、ＡＩにはなかなか難しいだろう。この部分において芸人の仕事は残るように思われる。

【第1章注】

（注1）　たとえば、体操をするさい、左右の手を順番に上げるのは〝スタンダード〟であり、システム1の働きだけで処理できる。そのため上げるスピードを速くしても対応できる。だが、右2回左1回、右1回左2回のパターンを交互に繰り返すよう指示されると、〝スタンダード〟から外れてしまいシステム1だけでは処理できず、システム2が登場せざるを得ない。こうなるとスピードを上げることは難しい。実際、デイサービスなどで高齢者に運動を

させるとき、あえて不自然な動きをさせることを〝脳トレ〟ということがある。しかし、複雑な動きであっても習熟すれば、システム1だけで処理できるようになるかもしれない。スポーツ選手が同じ練習を繰り返し行うのは、システム1だけを使って競技のスピードについて行くことができるようにするためである。システム2に頼っていたのでは間に合わないのである。

（注2）「笑いとは何か」というテーマに関心を持って研究してきたのは主に哲学者と心理学者である。ほかにも、短いエッセーなどのなかで笑いについて言及した例を挙げていけばきりがない。ここでは、笑いについての優れたサーベイ論文を参考に理論の整理を行う。詳しくは、ハーレー＝デネット＝アダムス（２０１５）、ビリッグ（２０１１）などを参照。

（注3）こうした笑いについて、梅原猛（１９７２）は「人為的にもうけられた価値低下のトリック」と述べている。

（注4）この理論を提唱したハーレー＝デネット＝アダムズは、just-in-time spreading activation と名付けている。本書では、just-in-time をオンデマンドと訳している。

（注5）マグロウ＝ワーナー（２０１５）25ページより引用。

（注6）松阪崇久（２０１３）を参照。

（注7）フランスの神経学者デュシェンヌ・デ・ブローニュは、心から楽しんでいるときの笑いと故意につくり出された笑いのちがいを顔面筋肉の動作のちがいによって説明した。すなわち、本当に笑っていないつくり笑いのときは、目の周りの筋肉（眼輪筋）は動かない（目が笑っていない）というわけだ。このことから、〝自発的笑い〟のことを〝デュシェンヌ型〟、〝非自発的笑い〟を〝非デュシェンヌ型〟と呼ぶことがある。李＝渋谷（２０１１）を参照。

（注8）Dixon（1980）は、ユーモアがストレスコーピング（ストレス対処法）を目的として進化してきたのではな

いかと述べている。なお、笑いと健康との関係については、Q47以降で詳しく検討する。

（注9）男女の笑いのちがいをテーマとした初期の研究のサーベイは、Lampert（1998）を参照。比較的最近の研究成果では、Provine（2000）が3745人分の個人広告を分析し、女性では他人を笑わせるより自分を笑わせてくれるのを好むほうが2倍だった一方、男性はユーモアを求めるより与えるほうが33％多いという結果を得ている。また、Bressler=Balshine（2004）では、面白いコメントと真面目なコメントのいずれかを付した210人分の写真を見せてどちらを好むか尋ねたところ、女性は面白い男性を選択する一方、男性は面白い女性に興味を示さなかったことが示されている。

（注10）Kaufman（2006）。

（注11）このテーマについての詳細は、R・マーティン（2011）第5章9節「ユーモアとジェンダー」180～182ページを参照。

（注12）Barreca（2013）。

（注13）ル・ボン（1993）を参照。

（注14）Q13「宴会芸とは何か？」において、人間の脳は疲れてくるとシステム2の働きが弱まるため、笑いの中身もダジャレなど安易なほうへ流れていくとの説明がなされている。思考の単純化はこれと同じ作用と考えられる。

（注15）たとえば、介護ロボットONLINE（https://kaigorobot-online.com/）を参照。

（注16）ザルカダキス（2015）116ページを参照。

（注17）近年のアニメーション映画では、風景が本物と見まがうほど緻密に描かれている一方、登場人物は依然として〝アニメ顔〟であり、リアルからはほど遠い。その理由は、この「ウンハイムリッヒの谷」によって説明される。あまりに実際の人間に似せると観客が登場人物に親近感を持てなくなるからである。

第2章　身近な笑い

Q❼ くすぐられると笑うのはなぜ?

くすぐりはとても原始的な笑いである。無邪気な乳幼児はくすぐられると笑うし、ペットなどの動物も気持ちよさそうな表情を見せる。

だが、くすぐりと笑いの関係はなかなか複雑である。Q2で紹介した理論でも、かろうじて⑥の「無害な逸脱理論」を用いれば説明が可能だが、それでも不十分だ[1]。

そもそも〝くすぐったい〟という感覚が人類のなかに存在し続けていることが不思議に思える。〝痛い〟という感覚は人類を病気や外傷から守るための防御手段だろう。〝気持ちいい〟は逆にウェルカムということだ。実際、性行為がもたらす快感は、人類が子孫を残すために必要な感覚だったと思われる。

ところが、〝くすぐったい〟だけは微妙である。自分をつねれば痛いし、自分でストレッチをすれば気持ちがいい。しかし、自分で脇の下や腰回りを触っても、一向に〝くすぐったい〟とは感じない。ここでは、この不思議な感覚の意味についてQ1の「四段階説」を用いて説明しよう。

まず、誰かにくすぐられるという現象は不自然なことであるから、第1ステップはクリアされている。第2ステップだが、もしくすぐる主体が赤の他人だったらどうだろう。知らない人間にくすぐられるのは不快だし、電車内でそうしたことが起きたらおそらく痴漢行為になるだろう。また、親しみを持てる相手だったとしても、それが会社の上司や学校の教師だとしたらハラスメントになる可能性が高い。一方、個人的に親しくしている友人や同僚だったら許せる行為だろう。つまり、第2ステップをクリアするためには、くすぐる主体が〝個人的に〟親しみの持てる相手でなければならない。

第3ステップの〝非当事者性〟は、くすぐりが笑いにつながるかどうかを決定づける、きわめて重要な条件となる。(2) たとえば、次の二つのケースを考えよう。

① 親友同士がプロレスの技を掛け合っているときふざけて相手をくすぐる

②　恋人同士がロマンチックな夜景を見ているとき男性が女性の腰に手を回す

まず、①の状況で笑いが起きたとしよう。このとき親友との関係は、くすぐりを受け入れるに十分な親しみを感じる相手ではあるものの、〝くすぐったい〟という感覚にとどまる〝適度な距離感〟が存在している。

なぜ距離があるのかは、②と対比させると理解できる。もし、②の状況で女性が男性の手の接触に〝気持ちよさ〟を感じたとしたなら、この二人の距離はきわめて近い。つまり〝当事者性〟が存在しているので腰に手が触れても笑いには至らない。逆に、女性が〝くすぐったさ〟を感じて笑ったとしよう。この場合、女性は男性に親しみを抱いてはいるものの、まだ当事者性を満たすには距離があると考えられる。そして手を回した男性にしてみれば、くすぐったがられたことで、少なからず落胆するのではないだろうか。

第4ステップは、くすぐりという不自然さから心の解放ができるかどうかだが、たとえば①のケースで、くすぐられたほうが「なぜこの状況でくすぐるのか」と考えてしまうと、笑いにはつながらない。

以上の考察からわかることは、〝くすぐったい〟という感覚が人間同士の心理的な距離を測るうえできわめて重要な尺度になっているという点だ。つまりこの感覚は、くすぐりという不自然な行為を不快には思わないものの、快感として受け入れるほどではないという中途半端な関係性を示しているのである。

Q8 なぜ上司の笑いは空回りするのか？

笑いはよどんだ空気を一掃し、場を和らげる働きをする。その意味において、職場においても適度な笑いは居心地のよい空間を保つために必要だ。

ただ、そこに「上司と部下」という上下関係が入ってくると、問題は複雑になる。なぜなら、仕事中であれば職務遂行上必要とされる上下関係も、昼休みや宴席など仕事を離れた場面では、両者を隔てる壁になってしまうからである。特に、部や課にたった一人しかいない上司の場合、部下たちのように互いに冗談などを言って楽しめる仲間がいない。そのため、部下たちとの〝不自然な〟壁を取り払おうとするインセンティブが生まれる。その手段となるのが笑いである。

壁を取り払いたい上司は一生懸命笑いのきっかけをつくろうとする。たとえば、（上司のレベルにもよるが）「夏休みにドイツに行ってきたのはどいつだ？」のようなダジャレや「昨日のゴルフコンペさぁ、ショートホールで10も叩いちゃったよ」といった他愛のない話になる可能性が高い。いずれにせよ、何らかの不自然さがそこに含まれているわけだ。

この〝きっかけ〟を上手に笑いに転換してくれる部下を持った上司は幸せ者だろう。たとえば、下手なシャレだったら「お～い、山田く～ん。座布団全部持ってって」と言うか、ゴルフの話だったら、「それだけ叩けば十分元が取れたんじゃないですか」などと返してくれれば救われる。

だが、いくら気遣いのある部下といえども、それに気をよくして上司がダジャレや下ネタを乱発すれば、後処理の負担が重くなり逆効果を招くだろう。次第に、部下にスルーされるようになり、笑いの〝不発弾〟をそこらじゅうにまき散らして終わることになる。下手をするとパワハラやセクハラにすらなりかねない。実際、ヤフーの知恵袋には「上司のつまらない冗談にどう対処すればよいか」といった相談が多く寄せられている。なにごともほどほどが肝心なのである。

Q❾ 大学の講義に笑いは必要か？

一般的に大学の講義は1時限90分で構成され、内容は学問的であり、学生にとってしっかりと理解するには集中力を要する。しかし、普通の学生ならば、理解に必要とされるシステム2の働きは30～40分の持続が限度で、それ以上になると集中力が落ちてくる。つまり、90分間講義を続けるには途中でシステム2に休息を与える必要がある。

そんなときシステム2の働きを一時的に解放する笑いが効力を発揮する。ただ、本題とまったく関係のない〝小話〟をしたのでは、別のテーマでシステム2の作動を促してしまうので意味がない。あくまで学生の脳の中を支配している講義内容に絡めて不自然さをつくり出し、笑いを利用して脳の負担を軽くしてあげる必要がある。

私の経験から最も効果があると思われる方法は、理論を説明するさいに取り上げる事例を用いた笑いである。たとえば、日本の将来人口推計のデータを示し、産業界にどのような影響を与えるかについて講義する場合、「葬式を主たる収入源とするお寺は人口が減れば確実に収入は減る。なぜなら結婚は人生に何回もするが葬式は一生に1回だけだからね」というと、学生は少し笑う。だが、これではまだ〝なるほど感〟というシステム2の働きが残っていて不十分だ。そこで、「この話をあるお坊さんにしたら、『それは先生、ちがうよ。結婚は2人でするものだが、葬式は1人で1回ずつするもんだ』と言い返された」と追い打ちをかけると、ドッと笑いがくる。こうした笑いを挟んで本題に戻ると、学生は改めて人口減少が経済に与える影響を真剣に考えるようになる。

ただ、ここで気をつけておかなければならないことがある。それは、こちらが単に〝面白いこと〟をしゃべっただけでは、個々の学生の顔にニヤッとした笑みが浮かぶ程度で、教室全体の笑いにはつながらない点だ。

そうなる原因のひとつは、不自然さの表現者である教員に対する〝親しみの感情〟の不足にある。教壇の上に立つ教員と下で聴く学生では明らかに立場が異なる。週に1回の大教室での講義ならなおさらだ。この両者の間に存在する高い壁がQ1で示した第2ステップのクリアを妨げているのだ。

笑いを阻害するもうひとつの要因は、場所が学問を修める〝教室〟であるという点だ。教室は学ぶところであって笑うところではないという意識が学生のなかに存在するとしたら、いかに面白いことがあったとしても、学生たちは周囲の目を気にして声を出して笑うのを控えるだろう。

この二つの課題を解決するには、教員と学生との間にある壁を取り払わなければならない。ここでは私が実践している例を二つ紹介しておこう。ひとつは、最初の講義で、私がお笑い芸人で芥川賞作家でもある又吉直樹と出演した『オイコノミア』（NHK・Eテレ）のビデオを学生たちに見せることである。[3] これは経済学の考え方を楽しく学ぶことを目的とする若者向けの番組で、随所に笑いの要素が散りばめられている。このビデオを見ることにより、学生は経済学をネタとして教室で笑うことに違和感がなくなると同時に、又吉直樹と共演している私に対しても親しみを抱くようになる。まさに一石二鳥の効果がある。

もうひとつは全員参加型のクイズである。私は、マクロ経済学の最初の講義で「次のものはGDPに入るかクイズ」を実施している。国内総生産（GDP：Gross Domestic Product）は一国全体の経済活動のパフォーマンスを示す最重要指標のひとつで、国際比較を可能にするため一定のルールの下で世界各国が算定している。この指標の意味をただ教えるのでは学生も退屈するので、「農家の自家消費」「主婦の家事労働」「赤い羽根募金」など10項目を提示し、学生にこれらがGDPにカウントされるかどうかを答えさせるのだ。

最初に300人ほどの出席者全員を起立させ、間違った解答をした学生を座らせていく。立っている人の数が減ってくると教室の空気は次第に熱気を帯びてくる。事前に全問正解者には成績に10点加点すると宣言しているからだ。ときに教室は笑いに包まれる。「こんなものがGDPに入るのか！」という不自然さがクイズにすることで笑いに転換されるためである。そして、クイズが終わると教室の雰囲気が一変していることがわかる。明らかに私の話への反応がよくなっているのだ。

大学は寄席ではないので、そもそも学生は講義に笑いを期待していない。そのような学生から何とか笑いをとろうと工夫することにより、講義を行う教員の話術も大いに磨かれると思っている。

Q⑩　風刺による笑いとは何か？

Q2で紹介したフロイトの「解放理論」では、笑いは鬱積された心的エネルギーの解放とみなされている。その意味からいえば、風刺は権力に抑圧された市民の抵抗であり、日頃の鬱憤を晴らす手段のひとつといえる。

社会心理学者のM・ビリッグは、ユーモアを懲罰的ユーモアと反逆的ユーモアの二種類に区別して分析している。前者は権力者が社会秩序を乱す者を吊し上げ嘲笑することであり、後者は市民が社会秩序に抵抗し、それを馬鹿にして笑うことを意味する。この分類を前提とすれば、風刺は後者に属する笑いである(4)。

権力を握った者はその力の源である自らの地位が脅かされることを嫌う。ライバルとの競争に勝ち、自分に刃向かう者を取り除こうとする。一方、権力者に立ち向かおうとする者は、反対勢力を組織して権力を取り戻そうと画策する。これは権力をめぐる真剣勝負、すなわち権力闘争である。

しかし、こうした戦いがユーモアを用いたものであれば、懲罰的だろうが反逆的だろうがそこまでの真剣味はないはずだ。なぜなら、その目的は相手をやっつけることではなく、笑いのネタにしたうえで、最終的にはそこから心を解放しているからである。実際、社会学者のH・スパイアーは、「世の中に広く出回っているジョークを笑うことは、タブー、法律、因習によって引き起こされるフラストレーションを軽減する安全弁の役割を果たす」と述べ、結果的に社会体制の維持に貢献してきたと指摘する。さらに、同氏によれば、権力者をからかう社会風刺は、抑圧されている人たちにとって「心理的なアリバイ」として作用するのだという。つまり、ジョークのおかげで、本気で反逆できないことの情けなさから心を解放することができたのである(5)。

ただ、笑いの「第3ステップ」にある〝非当事者性〟条件は、あくまで不自然さを笑っている人たちの間で成り立っているという点で注意が必要だ。つまり笑われている対象者には当事者性があるため、必ずしも笑えないユーモアなのである。したがって、権力者側にこうした笑いの存在を容認し、受け流すだけの度量がなければ（マジになってしまえば）、風刺すらも取り締まりの対象とされ、国民のストレスは溜まり、社会の不安定さはより高まるだろう。

Q⑪ 政治家はなぜ失言するのか？

政治家による失言が後を絶たない。ある意味〝ことば〟を売り物にしている人たちがなぜこれほど〝ことば〟を粗末に扱うかと呆れる向きも多いだろう。それなりの教養を持ち、経験を積み、選挙民からの支持を受けた人たちの不始末を単に〝資質がない〟の一言で片づけることはできないだろう。だが、Q1で示した笑いの構造を考えれば政治家たちが失言をする理由も明らかになってくる。皮肉なことに、〝ことば〟を売り物にするがゆえの失敗なのである。

たとえば、次の失言例を取り上げてみよう。

法務大臣というのはいいですね。二つ覚えておけばいいんですから。「個別の事案についてはお答えを差し控えます」これがいいんです。わからなかったらこれを言う。で、あとは「法と証拠に基づいて適切にやっております」この二つなんです。（会場笑い）まぁ何回使ったことか。（某法務大臣の就任を祝う会における挨拶）

この発言をめぐって野党から「国会軽視」だと追及された大臣は、結局辞任に追い込まれた。たしかにこの文言だけを読めば、大臣としてはあまりに軽薄な印象を受けるし、こんな人が政治家をやっていていいのかとすら思えてくる。だが、本人は東京大学工学部を卒業し、一流企業での社会人経験もある。決して軽薄な人物というわけではない。

ここで注目しなければならないのは、この〝失言〟がなされた場所である。国会や記者会見の場で言ったのではない。地元の後援者が集まった祝賀会の席である。しかも、この政治家の経歴を見ると、１９９０年の初当選以来、さまざまな政党を渡り歩き、20年目にしてようやくつかんだ大臣の座だということがわかる。大相撲のタニマチにたとえれば、長年応援してきた力士がようやく大関昇進を果たしたような気分だろう。そうした後援会の人たちを目の前にしたとき、得意の〝ことば〟を駆使して何か面白いことを言って楽しませなければならないと考えても不思議ではない。

政治家が後援者の笑いをとるために真っ先に思いつく〝不自然なこと〟は、政治の世界の〝裏話〟だろう。「みなさんはご存じないかもしれませんが……」「実はここだけの話ですが……」「大きな声では言えませんが……」といった枕で始まる軽口の類いである。

これが後援者向けだとすれば笑いの四つのステップはすべてクリアできる。まず、不自然な話をしている政治家への親近感があるのは当然だ。そして、〝祝いの席〟というシチュエーションなので、国会のような当事者性はないうえに、聞き手はそもそもマジな話と受け取っておらず、心の解放も容易にできる。

しかし、聞き手が後援者ではなく、テレビで報道番組を見ている視聴者だとしてみよう。第1ステップは問題ないとして、この政治家のことをよく知らない人にとって親近感は存在しない。また、第3ステップの非当事者性が成立するかどうかはとても危うい。なぜなら、国会での同大臣の答弁VTRとセットにして放送されれば、俄然当事者性が高まるからだ。そして話の内容だけを聞けば大臣としてきわめて不謹慎であり、そこから心の解放などできるはずがない。

公的な立場の人が、自分に親しみを持ってくれている人たちの集まる会合で意識して笑いをとろうとするのは危険である。なぜなら、笑いのネタはそもそも不自然なことであり、すべての人がそれを笑いとしてチャラにしてくれるとは限らないからである。失言した元大臣は限られたメンバー向けのリップサービスのつもりだったのだろうが、いまはどんな言動も簡単にビデオ撮影してネットなどに流せる時代である。この事例は、簡単に笑いをとりにいくと、とんだしっぺ返しを食らうという教訓を与えてくれる。

Q⓬ 夫が笑うと妻はキレる？

夫婦関係の心理分析を専門とするワシントン大学名誉教授のJ・ゴットマンは、自身の著作のなかで「夫婦関係を良好に保つにはユーモアが欠かせない」としたうえで、夫婦が言い争いをしているとき、「妻のユーモアは夫の心拍数を下げ、関係改善にプラスの作用をもたらす一方、夫のユーモアは離婚率を高める」との分析結果を示した[6]。

Q4では、男性は創作したユーモアを女性に笑ってもらうのを好み、女性は自分を笑わせてくれる男性を好む傾向が強いという研究成果について紹介した。ゴットマンの結論は明らかにこれと矛盾する。その謎を「四段階説」によって解明したい。

たとえば、次のような夫婦の会話を考えよう。

妻「あなた、今朝、お義母さんから電話があってね。純一の中学受験はどうなっているかって聞かれたのよ。適当にごまかしておいたんだけど、本当に困っちゃう。何とかならないかしら。たまにはあなたからも電話してよ」

夫「(面倒くさそうに) なんでオレが電話しなきゃいけないんだよ。お袋の話は適当にあしらっておけばいいんだよ」

妻「いろいろ根掘り葉掘り聞かれるのがイヤなのよ。そもそもあなたは純一のことについて無関心すぎるわ。なにかあると全部ワタシのせいにされるのは納得いかないわ」

夫「おいおい、お袋のことでつっかかるなよ。それにしても、この会話ってこのあいだ見たテレビドラマのワンシーンにそっくりだよな。ワッハッハ」

妻「(ぶち切れて) 笑いごとじゃないわよ!」

この会話から夫婦のすれちがいの原因を探ってみよう。この夫婦にとって、夫の母親から息子の受験のことについて電話で詰問されたことは〝不自然なこと〟である。そのとき、義母に対して親しみを持っておらず、しかも息子の受験について当事者性の強い妻は、それを笑いでチャラにすることはまず不可能である。

他方、夫は自分を育ててくれた母親に対しては当然ながら親近感があり、息子の受験は妻に任せていることから非当事者性もある。したがって、この面倒な不自然さを笑いによってチャラにしたいという欲求が強くなるのだ。

こうしてみると、言い争いでユーモアを使うことができるのは、揉め事のタネを笑いによってチャラにしたいと考えている人であって、夫であるか妻であるかは関係ないということになる。たとえば、夫が職場で起きた上司とのトラブルの愚痴を家で妻に話したとしよう。このとき、別の職場で働く妻にとっては非当事者性が成立しており、しかもあまりシステム2を使って本気で考えたくない話題（どうでもいい単なる愚痴）だと判断すれば、妻には夫の話を笑いに変換してチャラにしようとするインセンティブが働いてもおかしくないはずだ。

それではなぜゴットマンのような分析結果が出たのだろうか。その説明のひとつとして、こうした言い争いのさいに夫と妻ではユーモアの使い方に差があると指摘するのは、アベリストウェイス大学で心理学を教えるG・グリーングロスである。すなわち、男性（夫）が言い争いから逃れることを目指してユーモアを活用しようとするのに対し、女性（妻）は和解につながるリラックスした雰囲気を醸成するためにユーモアを使おうとするのだという[7]。

さきほどの〝義母からの電話〟では、夫はその話題から逃れたいため、いわゆる嫁姑の葛藤を描いたドラマのシーンと同等に扱うことでこの話題の価値を低下させ、笑いに変えてチャラにしようとした。こうした夫の欲求が先に立ってしまったことで、同じ立場にいない妻に不快感を与えたのだ。

夫による〝上司とのトラブルの愚痴〟でも、妻が「ハハハ、笑っちゃうわ、本気で上司に刃向かう勇気もないくせに何言ってんの」と言ったら夫はぶち切れるだろう。この話題をグリーングロスの〝和解につながる笑い〟にするには、「ホント、どうしようもない上司に当たっちゃったわね。ワタシがその人の代わりに上司になってあげようか？　フフフ」とでも返せば、「ハッハッハ、バカ言うなよ」となって丸く収まるだろう。

だが、話はこれだけで終わらない。これまでの例では、夫婦間の言い争いのときに、からかいや皮肉といった攻撃的な笑いの手法を使うと、相手を怒らせ言い争いを激化させていた。しかし、ノースダコタ州立大学のW・アンダーソンらは、「皮肉などを使った攻撃的なユーモアには、深刻な対立を和らげ人間関係を良好に保つ効果がある」と指摘する[8]。なぜなら、攻撃的な笑いは「緊張を緩和し、問題を包み込み、反応を引き出す」ためだという。

この解釈は以下のようになるだろう。言い争いが長時間続くとシステム2の働きが弱り、やがて感情的な対立に発展していく可能性が高い。そのようなとき、皮肉などの攻撃的な笑いは、オーバーフローしかけたシステム2をいったんリセットし、再び冷静な議論に引き戻す役割を果たすということではないだろうか。

Q⑬ 宴会芸とは何か？

同じ職場に勤める人たちや同じ職業についている人たちが忘年会や新年会と称して集まり、酒を酌み交わしつつ騒ぐことを俗に〝宴会〟という。そんな宴会につきものなのが、場を盛り上げる出し物、すなわち〝宴会芸〟である。

ネット等で調べてみると、宴会芸の披露は会社等に入りたての〝新人〟の役割というのが一般的なようで、そうした気の毒な役回りの社員向けに宴会でウケる芸を紹介するサイトなどもある。それらを見ると、理解が難しいウィットやジョークではなく、一発芸、モノマネ、ダンス、下ネタなどのわかりやすい内容のものが大半を占めている。

そうした傾向になる理由は、Q1の第1ステップと第4ステップを考えれば容易に理解できる。まず、宴会は終業後の夜に開かれることが多いので、参加者の心身は疲労している。そこに酒が入れば、もう面倒なことは避けたくなるだろう。つまり、システム2の働きが弱っている状態なため、第1ステップにおける不自然なことを厳密に判別する能力が落ちているのだ。

ただ、この脳機能の低下は、第3ステップと第4ステップのハードルも下げるという点に注意が必要だ。つまり、シラフならば当事者性を感じて笑いに結びつかないような不自然さも、簡単にスルーしてしまう可能性が高くなる。たとえば、学校の教員が出来の悪い生徒のことを宴席でのネタにするとか、職場の飲み会で女性社員のファッションのことをからかうといったケースである。また、公の場ではとてもチャラにはできないような下品で差別的な話題も笑いの対象になるかもしれない。

宴会芸を含むこの手の笑いは、これまでは〝無礼講〟とか〝酒の席での戯言〟として大目に見られることが多かった。だが、今後はこうした行為も笑いでは済まされず、ハラスメントとして告発される可能性が高まるだろう。(9)

東京大学教授の池谷裕二は、「山登りも話題が豊富なのは上りで、下りになると脳をあまり使わないで済むダジャレばかりを言うようになります」と述べ、それは人間の脳が疲れて楽なものに逃げていくせいだと指摘している。(10)疲れているときに笑いで場を盛り上げようとするのは要注意ということかもしれない。

Q⑭ 会合での笑いの効用とは？

会合の目的は親睦、意見交換、意思決定などさまざまだろう。そうした場で笑いがどう活用されているか考えてみるのは面白い。

Q9で大学の講義における笑いの活用法について述べた。会合においてもシステム2を一時的にリセットする意味で、笑いにはよどんだ空気を一掃するリフレッシュ効果がある。ただ、講義では原則として話をするのが1人であるのに対し、通常の会合では参加者すべてに発言の機会が与えられている。また、教員と学生は必ずしも対等な関係ではないけれども、会合の参加者は職場の同僚や同じ仕事に従事する仲間であることが多い。そのため、会合の趣旨と関係のないあるいは場にそぐわない話を延々とする人が現れる可能性もあり、そのときは他の参加者に多大な迷惑をかけることになる。

そうしたとき、会合をマネージメントする司会ないし議長がすみやかに話を本筋に戻す必要がある。だが、「○○さん、関係ない話はやめてください」とか「そうした話は会議が終わってから個別にしてください」などと言うと、くだんの〝空気が読めない〟人は面目を失い、人間関係上のトラブルに発展しかねない。また、そうした人が年長者だったりすると、司会といえども介入することができず、無駄な時間が費やされることになる。

そこで役に立つのが笑いである。話の重要性は認めたうえで、〝場違い〟という不自然さを笑いに転換すればよい。たとえば、「○○さん、すばらしいご提案だと思います。それができれば会社をもうひとつ設立できそうですね」などと言えば、周囲から笑いが起き、その話から場の空気が解放され、しかも話し手の面目を潰すことはない。

いったん笑いが起きたあと、もう一度同じ話を持ち出すのはとても勇気が要ることである。そうならないようにするため、会合の参加者もことさら大きな声で笑う必要がある。

（Q⑮　厳粛な式典で笑いそうになったらどうする？）

法要でお経をあげているお坊さんの立帽子《たてもうす》が何かの拍子に落ちて、ツルツルの禿げ頭が現れたらあなたは笑いを怺《こら》えることができるだろうか。また、友人の結婚式のとき、登場した神父の顔が志村けんと瓜二つだったら笑わないでいられるだろうか。

ネット上にはこうしたときの対策として、「太ももをつねる」「歯が痛いふりをする」「かけ算の九九を頭の中で言う」などといったアイデアが出されている。しかし、笑いの「四段階説」を理解できていれば、もっと簡単に対処することができる。

僧侶の立帽子が落ちたり神父の顔がコメディアンに似ていること自体はどうみても不自然なので、その事実そのものを否定するのは難しい。また、その僧侶や神父に対して親しみを抱いているなら、それをあえて打ち消す必要もないだろう。だとすると、第3ステップと第4ステップをクリアできないように工夫すればよいことになる。

第3ステップのクリア条件は〝非当事者性〟の存在だった。したがって、法要であれば喪主に感情移入する、結婚式ならば祭壇の前にいるカップルやその両親と同じ気持ちになってみたらどうか。当事者性が発生して笑うことはできなくなるはずだ。第4ステップの〝心の解放〟を阻止するには、不自然なことが起きた理由を考えてみるとよいだろう。たとえば、なぜ立帽子が落ちたのかその原因を考えてみたり、その神父がもしかしたら志村けんの親戚かもしれないと思いをめぐらせる。そうすればシステム2が作動し、笑えなくなる。

ただ、こうした不自然なことが起きていなくても、笑ってはいけない状況であればあるほど笑いがこみ上げる〝失笑恐怖症〟という病気があるのをご存じだろうか。たとえば、皆が真剣に議論したり悩んだりしているときや、何か不祥事があって謝罪しているときなどにニヤニヤしたり吹き出したりしてまうのである。こうした症状が出たとき、周囲からは病気と理解してもらえず、人格の問題だとして人間関係の崩壊につながることも多いそうだ[11]。

この病気の原因は、緊張や不安など強いストレスに直面したとき、それを回避しようとする脳の反応のためだとされている。そして、「笑っちゃダメだ」と思えば思うほど症状が悪化し、ますます笑いを抑えきれなくなるという。〝人見知り〟や〝あがり症〟といった対人恐怖症の一種といわれている。

ストレスを与える場面はその人にとっては不自然な状態であり、それを回避したいと思うこと自体はおかしなことではない。ただ、皆が真剣に問題に取り組んだり、悲しみに耐えていたりするときに、自分だけ笑いによってそこから逃れようとすると周囲との摩擦を生むことになる。この場合、当事者性を持つことがストレスの原因にもなっているので、先に述べた第3ステップを用いた解決策は適用できない。

一方、まったく別のことに関心を振り向けることでシステム2の働きを持続させる方法はうまくいくかもしれないが、周囲に悟られないように別のことを考えなければならないので、心理的な負担は重くなる。根本的な問題解決のためには、メンタルクリニックなどで臨床心理士の診断を受け、適切なストレスコーピング（ストレスの対処法）を身につけることのほうが望ましいといえそうだ[12]。

Q16 笑いは〝怒り〟や〝泣き〟とどうちがうのか？

不自然なことが起きたとき、それが笑いにつながる場合もあれば、怒りや泣きにつながる場合もある。同じ感情表現ではあるが、この二つは笑いとどうちがうのだろうか。

怒りや泣きに至るルートは二通りある。ひとつは、自分自身が不自然なことを体験したケースである。そのとき、不自然さをもたらした主体への親しみがなければ、怒りや泣きにつながる可能性は高くなる。もうひとつは、不自然なことを体験した人から話を聞くケースである。この場合、話し手に対する親しみが強ければ、当事者性が高まるので怒ったり泣いたりしやすくなる。つまり、「四段階説」との関連でいえば、前者は第2ステップ、後者は第3ステップをクリアできず、ともに笑いにはつながらない。

それでは怒りと泣きのちがいはどこにあるのだろうか。怒りの原因は、不自然さに対する憎悪や敵対心である。つまり不自然さの存在を許せず、何とかしてそれを消し去りたいと思っている。一方、泣きの背景には、不自然さを除去したくてもできず、受け入れざるを得ないという不条理さがある。

たとえば、自分の愛する人が誰かに殺されたとしよう。この場合、〝殺人〟という不自然さについては許すことができず、それをもたらした犯人への憎悪はきわめて強くなるだろう。こうして、怒りの感情は生まれる。一方、〝愛する人の死〟という不自然さは、これを厳然たる事実として受け入れざるを得ない。この不条理さが泣きをもたらす。この怒りと泣きの混在はいわゆる〝悔し泣き〟といわれる状態だ。

怒りは対象となる不自然さが解消されるまで続く。たとえば、殺人事件ならば犯人が逮捕され、裁判の結果、極刑に処せられた時点でほぼ解消されるだろう。刑事事件の被害者は自分の手で不自然さを解消できないため、検察や裁判官など他人任せとなる。一方、泣きは不自然さを受け入れることで止めることができる。怒りとちがってこちらは自力での実現が可能だ。もちろん、受容は簡単なことではないが、仏教の〝無常観〟を学ぶなど宗教に頼ったり、同じ経験をした人たちと思いを共有したりすることも有効だろう。

では、泣きは笑いに転換できるだろうか。殺人など人間の手によってもたらされた人の死は、それが受け入れざるを得ない事実だとしても、犯人に対して親しみの感情を持つことはきわめて難しいため、よほどのことがない限り清算に至ることはないだろう。他方、病気による人の死の場合、もたらしたのは病であり、それを憎んでも仕方ない。時間の経過とともに事実を受け入れ、客観視し、清算できるようになるのではないか。そうなれば、法要などで親族が集まったさい、故人の思い出話に花を咲かせられるようになるだろう。

Q⑰ イジメと笑いの関係性は何か？

イジメは何の落ち度もない人間に生きる希望を失わせ、ときに死にさえ至らしめる、きわめて悪質な迷惑行為である。これだけ世間から注目されながらも一向になくならない理由は、おそらくイジメを生じさせるウイルスのようなものが私たちの社会の至るところにあり、それがちょっとしたきっかけで増殖していくからにほかならない。

イジメは笑いのダークサイドともいえる。Q１の「四段階説」に照らしてみれば、その発生ならびに増殖メカニズムを容易に理解することができる。イジメのターゲットは誰でも構わない。私たちの世界のスタンダードと少しでも異なるところがありさえすればよい。イジメは誰かがそのちがいを〝不自然なこと〟と指摘するところから始まる。もし、最初に指摘した人が周囲も認める存在感のある人物であれば、その不自然さは周囲から認知され、第1ステップはクリアされることになる。

不自然さが認知されたことにより、その世界のなかで〝自然〟対〝不自然〟という一種の対立構造ができあがる。そうなると〝自然〟なグループに属する人たちが〝不自然さ〟をバカにしたりからかったりすることへの抵抗がなくなる。なぜなら、からかっている人間に対しては同じグループの仲間としての親しみがあるからで、それにより第2ステップはクリアされる。さらに、対立構造が存在することにより、からかいという行為に非当事者性も生まれる。

第4ステップの心の解放はイジメのプロセスで最も注視されなければならない。その理由は、深刻なイジメも最初は不自然さへのちょっとしたからかいからスタートしているためである。軽い内容ならば、そこから心を解放しても罪の意識はほとんど感じないだろう。だが、こうしたことを繰り返すうちに、次第に感覚が麻痺していく。つまり、イジメの内容がエスカレートしても、誰も異を唱えることなく、容易に笑いに変換して清算できるようになってしまうのだ。

このメカニズムを理解したうえで、イジメを防ぐ方法について考えてみよう。まず注目すべきは、第1ステップでスタンダードからの乖離を不自然さと認めてしまう点である。ここに介入できる人間は限られている。学校の教室であれば、教員こそがその役割を果たすべきだろう。

普段から人間は多様であることが〝自然〟であって、皆が同じであることのほうがむしろ〝不自然〟だということを強調していれば、生徒たちも安易にちがいを排除することにはならないはずだ。

この役割を教員が十分に果たさず、第1ステップを通過してしまうと、イジメの防止は難しくなる。なぜなら、不自然さが認められた段階で、第2ステップと第3ステップがそのままクリアされる可能性はきわめて高くなるからである。第4ステップで食い止めるには生徒たちのイジメに対する自浄能力の高さが要求されるだろう。なぜなら、どんな些細なちがいであっても、それをからかいの対象とみなして心の解放を許してしまえば、それがどんどんエスカレートしていくことを知っていなければならないからだ。

世間の人たちの多くは、イジメはあってはならないことだと考えているようだ。しかし、それは間違っている。イジメのウイルスはどんなところにもある。私たちがちょっとでも心を許した途端、ウイルスは増殖し、手がつけられない状態になる。笑いの発生メカニズムを知っておくことは、イジメを事前に防止するうえで大いに役に立つのである。

Q⑱ 笑いに救われる人たちとは？

2018年4月からフジテレビ『プライムニュース　イブニング』のキャスターに内定していた元NHKアナウンサーの登坂淳一が、番組開始直前、過去のセクハラ行為に関する週刊誌報道をきっかけに降板するという出来事があった。局アナにとってフリーになった直後の仕事はとても重要な意味を持つ。なぜなら、その人の〝市場価値〟がそこではじめて明らかにされるからである。新たな仕事で期待通りの成果を残せれば、さらに市場価値が高まり収入も増える。いわゆる局アナにとって第二の人生の成功物語につながる。

登坂淳一のケースはまったく気の毒というしかない。すでにNHKは退職して退路を断っており、民報の報道番組の看板キャスターとして新たな一歩を踏み出そうとした矢先のスキャンダル報道である。このあとの身の振り方が危ぶまれたとき、助け船を出したのがダウンタウンの松本人志である。彼は自分の番組『ワイドナショー』に登坂をゲストとして招き、「下り坂さん」と呼んでセクハラ行為をイジったのである。

このように芸人にイジられることは一見すると傷口に塩を塗られているようにも思えるが、実は、スキャンダルなどで評判が落ちた有名人が復活のきっかけをつかむうえで、芸人から笑いの対象とされることは大きな意味を持つ。なぜなら、笑いには不自然さを清算する効果があるからである。

正義感満載のドヤ顔で視聴者に訴えかける報道番組のキャスターにとって、スキャンダルは命取りだ。いったんそうした悪評が立つと、テレビ関係の仕事につくことはきわめて難しくなる。しかし、登坂のセクハラはかなり前の話でもあり、被害者には謝罪し和解も成立している。だとすれば、いつまでも過去のスキャンダルに引っ張られ、本来の能力が発揮できないのは本人にとってもテレビ界にとっても不幸である。そんなとき役に立つのが笑いである。松本人志がイジってくれたことにより、登坂は再生のきっかけをつかんだといえるだろう(13)。

このように、不祥事を起こした数々の芸能人を笑いによって救ってきた松本人志だが、同番組における自らの問題発言を笑いによって救ってもらったのは皮肉である。2019年1月に放送された『ワイドナショー』において、松本はHKT48の指原莉乃に対して、売れるために〝枕営業〟を勧奨するかのような発言をしたため、それがセクハラだとして物議を醸した。松本がなぜこうした発言をしたかその意図は定かではないが、もし指原がその発言を〝マジ〟に受け止め、松本を糾弾すれば大事《おおごと》になっただろう。

しかし、彼女は自身のツイッターで「松本さんが干されますように」とつぶやき、その後、再び彼と共演したさいに「なんか松っちゃんスベってんじゃない？」と逆に松本をイジるという驚くべき返しをした。火に油を注ぐような行為もせず、かといって黙って泣き寝入りしたわけでもない。彼女は松本の不自然な発言をイジって笑いに変え、清算したのである。松本に対してこのような対応ができる指原は、笑いが人を救うことを本能的に知っているまさに〝芸人〟の鏡といえる。

【第2章注】

（注1）マグロウ＝ワーナー（２０１５）27～28ページを参照。
（注2）自分をくすぐっても〝くすぐったい〟と感じないのは、非当事者性がないからである。
（注3）『オイコノミア』は、ＮＨＫ　Ｅテレで２０１２年4月から２０１８年3月まで放送された。
（注4）ビリッグ（２０１１）を参照。
（注5）Speier（1998）。
（注6）Gottman（1994）を参照。これと同様の結果は、Cohan（1997）でも得られている。
（注7）Greengross（2018）。
（注8）Anderson=DiTunnariello（2016）。
（注9）溝上（２０１５）では、上司が男性社員に「裸踊り」をさせることもセクハラと認定されるとの指摘がある。

（注10） 池谷（2018）。

（注11） この病気は、日本テレビ「ザ！ 世界仰天ニュース」（2019年1月22日放送）で取り上げられたことで多くの人に知られるようになった。芸能人の蛭子能収やジミー大西は失笑恐怖症であることをカミングアウトしている。

（注12） ストレスコーピングと笑いとの関係については、後出Q48を参照のこと。

（注13） 『ワイドナショー』はそれまでにも不倫騒動を起こしたベッキーや乙武洋匡、自動車事故で当て逃げをした井上裕介を出演させ、再起のきっかけをつくってきた。このように笑いには不祥事を〝解毒〟する作用がある。

第3章　笑いのビジネス：総論

Q⑲ 笑いがビジネスになるための条件とは？

笑いは不自然さの発見あるいは創作から始まる。不自然さはスタンダードからの乖離であり、各人の置かれている状況や価値観などによって異なる。したがって、同じユーモアでも笑う人もいれば笑わない人もいるし、同じ人でも時間や場所によって笑ったり笑わなかったりする。つまり笑いはきわめて個人的なものなのだ。そんな笑いを産業化するには、大勢の人を同時に笑わせるための工夫が求められる。

まず、第1ステップをクリアするため、似通ったスタンダードを持つ人たちを劇場ないしテレビの前に集めなければならない。次に、観客や視聴者に親しみを持ってもらえそうな芸人に登場してもらう必要がある。そして、芸人は聞き手に当事者性を感じさせないネタを披露し、最終的にそれをチャラにできるように見せなければならない。

これだけの厳しい条件をすべてクリアする環境を設定できる人間はそう多くないはずだ。しかも、面白いと思う内容は時代とともに変化するため、同じことをただ繰り返すだけでは不自然さに慣れてしまい、誰も笑わなくなってしまう。笑いには臨機応変さが必要なのである。

以上のことから、笑いのビジネスには高い参入障壁があると見るべきである。逆にいえば、第1〜第4ステップをクリアするためのコストがうまく下げられれば、笑いのビジネスの成功者になれる。実際、第3〜6章で扱う落語、漫才・コント、モノマネなどを「四段階説」に照らして分析すると、各ステップをクリアするコストをきわめて巧みに下げていることがわかる。

ただ、ここで難しいのは、コストをむやみに削減すると、笑いの質も低下してしまうという点である。かけるコストと生じるベネフィットの大きさをどう天秤にかけて笑いをつくるかが、ビジネスを成り立たせるうえでの鍵になるのである。

Q⑳ お笑いの産業化は何をもたらしたのか?

日本のお笑い産業を牽引している代表的企業といえば、よしもとクリエイティブ・エージェンシー（以下ＹＣＡ）が真っ先に思い浮かぶだろう。その親会社である吉本興業は、１９１２年設立の老舗エンターテインメント企業で、創業者の吉本せいはＮＨＫの朝ドラ『わろてんか』の主人公としても取り上げられた。所属するお笑い芸人（落語家を含む）の数は、地方支社まで含めると優に８００人（組）を超す。

現在では、ＹＣＡと並んで、マセキ芸能社、プロダクション人力舎、渡辺プロダクション・ワタナベエンターテインメントなど多くのお笑い芸人を抱える芸能事務所があり、すでにお笑いは一大産業となっている。

芸人は芸を売り物にする専門職だが、そのほとんどが大手芸能プロダクションに所属している。その理由は比較優位の観点から説明できるだろう。なぜなら、プロダクション所属の芸人は笑いの技を磨いて観客に見せることに集中でき、面倒なスケジュールやお金の管理はプロダクションの社員（マネージャー）に任せられるからだ。そうなると出演料など報酬の一定割合を会社に納めなければならなくなるが、その代わり自分の稼ぎをマネージャーに持ち逃げされるといったリスクも軽減される。

どの業界にも共通していえることだが、市場規模の拡大に伴う産業化の進展とは、個人の能力よりも企業（組織）の力のほうが相対的に強くなることを意味している。実際、業界最大手のＹＣＡは、芸人の稼ぎの９割を事務所が持って行くことで有名だ。これは、人力舎（６割）やワタナベエンターテインメント（７割）と比べてもかなり高い割合である。

これだけ持って行かれるにもかかわらず多くの芸人がＹＣＡから他へ移らないのは、芸人たちの稼ぎを劇場の整備や芸人の育成というかたちで還元しているからである。たとえば、全国に12カ所あるＹＣＡ直営の劇場は、いずれも交通至便の一等地にあり、ＹＣＡ所属の芸人が出演するお笑い公演に使用されている。

また、親会社の吉本興業は、「吉本総合芸能学院」という養成所を１９８２年に他に先駆けて設立し、若手芸人の育成にも力を入れてきた。この学院の生徒たちは、プロの芸人たちから漫才やコントの技についての講義やセミナーを受ける一方、挨拶や時間厳守など社会ルールも厳しく指導される(1)。

〝お客にウケてなんぼ〟の世界に生きるお笑い芸人は、たくさんの場数を踏むことによって笑いの技が鍛えられる。だが、学院を卒業したばかりの新人たちが自力で活動の場を確保するのはなかなか難しい(2)。そこでＹＣＡは彼／彼女らが技を磨くための活動の場も用意している。たとえば、東京渋谷の一等地にあるヨシモト∞ホールでは、ＹＣＡの若手芸人による漫才やコントの公演が毎日のように開催されている。２００席ほどの小規模ホールだが、登場するのはほぼ無名に近い芸人たちだけに、客の入りはお世辞にもいいとはいえない。これは収益性よりも育成面を重視した部分といえる。[3]

笑いの世界におけるＹＣＡなど芸能プロダクションの台頭は、〝お笑い〟の認知度を上げ、まともな産業にするうえで大きな役割を果たした。すなわち、芸人の活動をマネージする単なる芸能事務所にとどまらず、芸人の卵を育成し、活動の場を与え、才能ある若手を次々と芸能界に送り出してきたのである。その結果として、お笑い芸人の存在感も格段に高まったが、同時に他の芸能人なみのお行儀の良さも求められるようになった。

こうした動きを否定するつもりは毛頭ない。だが、そもそも世の中の〝不自然さ〟を見出して笑いに転換する役割を果たす芸人が、日の当たる表街道を大手を振って歩くことには若干の違和感も覚える。

かつて立川談志は落語を「人間の業《ごう》の肯定」と定義した。[4]〝業〟とは人間の行い全般のことを指すが、談志は特に「理性によって制御できない心の働き」という意味で用いていると思われる。要するに、落語はこうした〝人間の弱さ〟にスポットを当て、それを笑いに転換しているということだろう。

〝業〟というと若干大袈裟に聞こえるが、そもそも笑いは人間社会が抱えるさまざまな矛盾をターゲットにしていることだけは間違いない。それは〝建前〟と〝本音〟の乖離といってもよい。人間はうわべを取り繕っているけれども、本当のところはもっとドロドロした醜い部分をたくさん抱えている。その乖離こそが笑いの対象となる〝不自然さ〟なのである。だとすると、普段は隠されている社会の暗部をえぐり出し、笑いに変えてチャラにするのを生業とする芸人は、本来表舞台に出るべき人たちではないのかもしれない。なぜなら、表に出てスポットライトが当たった瞬間に、この手の〝不自然さ〟はタブーとなり、笑ってはいけないものになってしまうからである。

実際、テレビの〝お笑い番組〟で披露される漫才やコントのネタは、放送の倫理規定に従ったお行儀の良い、悪くいえば〝こぢんまりまとまった〟内容のものがほとんどである。社会批判的なスケールの大きさはほとんど感じられない(5)。その代わり、身近なテーマながらもネタはよく洗練され、内容的にも高度なものが増えてきているのも事実である(6)。

芸人の笑いは世の中の矛盾を映し出す鏡ともいえる。その笑いがスケール小さくまとまってきているということは、戦後75年間の太平の世にあって、社会を構成する私たち自身の考え方もこぢんまりとしてきたのかもしれない。

図 3-1　お笑い芸人の性別構成比

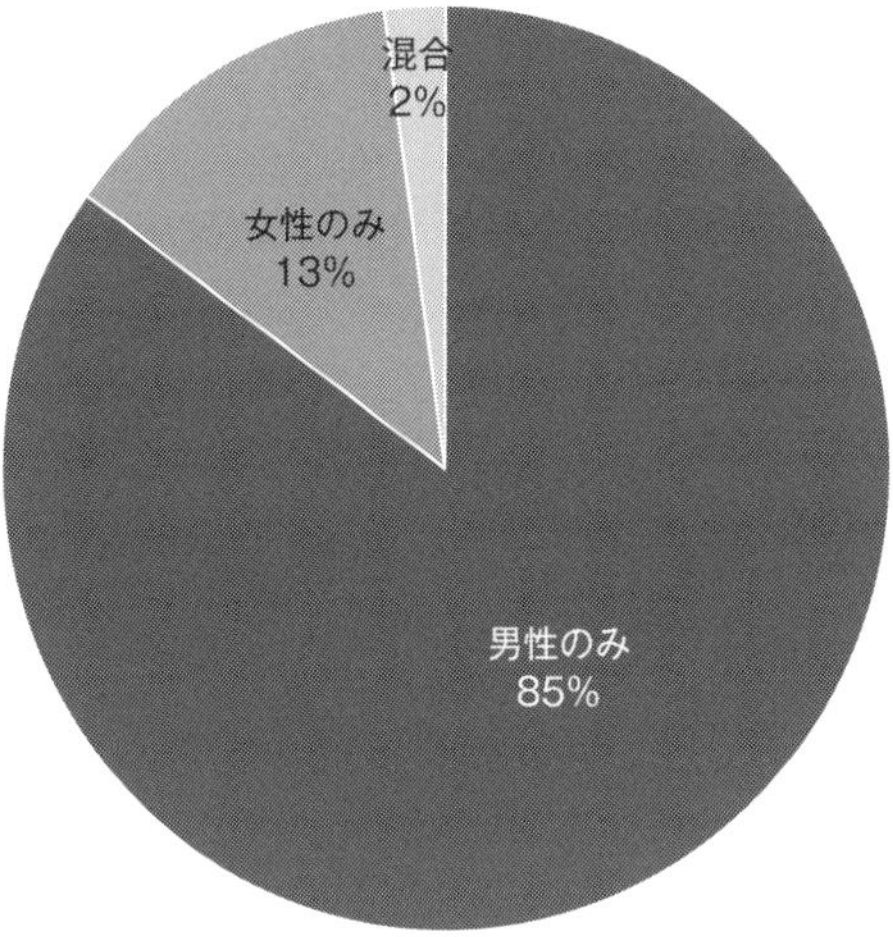

Wikipedia「日本のお笑いコンビ」より筆者集計

（Q㉑ 芸人に女性が少ない理由は？）

日常の肌感覚から、テレビや劇場で活躍しているお笑い芸人に男性が多いことは察しがつくが、実際にコンビ漫才師の数を調べても、図3－1のように、男性のみが圧倒的多数を占めていることがわかる。同様のことは落語の世界にもいえる。真打、二ツ目、前座のどれをとっても女性の落語家はごくわずかである。

この結果は、Q4で示した男女間の笑いのちがいを前提とすれば自明ともいえるが、そのちがいが社会通念という環境要因によるものであれば、世の中の変化とともに女性芸人や女性落語家の数も増えていくかもしれない。実際、落語協会のホームページを見ると二ツ目などの若手を中心に女性の数が増えてきているし、お笑いの世界でも日本テレビが2017年より優勝賞金1000万円の『女芸人No・1決定戦』と題した番組を放送するなど、女性の台頭が目覚しくなっている。

ただひとついえることは、お笑いの世界で活躍する女性芸人にはその外見にほぼ共通した特徴があるという点だ。失礼を承知のうえで申し上げれば、いわゆる〝美形〟の芸人はそれほど多くない。芸能界ではアイドルや俳優を中心に〝女性らしさ〟を全面に押し出すことが戦略であるにもかかわらず、芸人の世界ではむしろそれをなるべく隠すようにしているようにすら見える。

その理由は「四段階説」を用いて説明できる。Q4でも述べたように、現在の〝お笑い〟の消費者は圧倒的に若い女性が多いという状況だ。そうしたなかで、容姿端麗の女芸人が笑いにつながる不自然なことを披露しても、おそらく女性客からは妬みを持たれこそすれ、親しみは抱かれないのではないだろうか。

他方、男性の観客は美形の女芸人に親しみは持つだろうが、逆に魅力的な容姿に感覚が引っ張られすぎ、その芸人が見せる不自然さに対する非当事者性が生まれにくいと思われる。たとえば、次のような海原やすよともこの漫才ネタを見てみよう。

ともこ「大阪人って規則とか大っ嫌いやんか。規則約束破るためにあると思うてる」
やすよ「思うてないよ」
ともこ「街でもあるやん。歩いてて前の信号赤でも横見て『青やん』って渡る人ばっかりやろ」
やすよ「ばっかりやない！」

これは交通信号を守らないという不自然さを大阪人の気質と関連づけることで笑いに転換しているのだが、これを容姿端麗な人が上品に話すと、「なるほど赤で渡る人にはそういう理由があったのか」とマジに受け取ってしまい、いつまでもシステム２が働いて心の解放ができなくなるのではないか。

コメディアンの横澤夏子は、ＯＬなど身近にいる女性の特徴をつかんで笑いをとることで有名である。たとえば、「ちょっとイラッとくる女」というタイトルで次のようなネタを披露している。

「悪口を言わないといって言う女『わたしさぁ、悪口言うって意味わかんないから言わないんだ。ミサちゃんってめっちゃ悪口言うじゃん。気持ち悪いよね』」

まずこうしたネタを男性がやったらまったく親しみを持ってもらえないだろう。先の海原やすよともこ同様に横澤夏子も別に容姿に問題があるわけではないが、仮に眉目秀麗な女性がこのような話をしたら、観客からは「自分がキレイだから何を言ってもいいと思っているんだろう」とか「同性なのに他の女性をバカにするなんて許せない」といった反感がくると予想される。つまり、話している内容をマジに受け取られ、笑いとしてチャラにしてもらえないのである。横澤夏子はあのさばさばした雰囲気と独特の表情を見せることで、ひとつ間違えると反感を買いやすい題材を巧みに笑いにつなげているのである(7)。

一方、お笑い芸人ではないものの、独特のキャラを活かしてバラエティ番組で笑いをとるマツコデラックスは異彩を放つ存在である。生物学的には男性であり、声や体型や仕草は決して女性っぽくはないが、化粧や服装や言葉遣いでは女性らしさを見せている。このハイブリッドさを強調することによって、巧みにセクハラを回避し、性別に関係なくゲストをからかったりいじったりすることができるのだ。

Q㉒ 落語は20分なのに漫才はなぜ5分なのか？

寄席で聞く落語の一席は、およそ15～20分、トリでは30分ほどである。独演会ではマクラを長々と話す落語家もいてそのときはもっと長くなるときもある。古典落語では作品の内容にもよるが、一般に「紺屋高尾」のような人情話は長くかかる傾向にある。一方、寄席の漫才やコントはだいたい5分程度で、長くても7分くらいで終わる。『M1グランプリ』や『THE MANZAI』などのコンテストでは、持ち時間が3～4分ということもざらである。なぜこうしたちがいが生まれるのだろうか。

その理由はテレビという媒体と深く関係している。現在、在京キー局が地上波で落語をガッツリ放送しているのは、『日本の話芸』（NHK Eテレ毎週日曜午後2時）と『落語研究会』（TBS毎月第3日曜午前4時）くらいのものだ。1960年代にテレビやラジオの普及とともに演芸がブームになったときも、主流は漫才で、落語の存在感は薄かった。

つまり、落語はテレビになじまないのである。日本テレビの長寿番組『笑点』が立川談志の立案であることは有名な話だが、そのきっかけはテレビやラジオの普及によって落語が廃れることを談志が危惧してのことだったとされる。つまり、一席20分もかかる落語は、間にコマーシャルを入れることもできず、途中でスイッチを入れた視聴者は噺に入り込めずチャンネルを変えてしまうため、放送に乗りにくいのだ[8]。そこで、落語家が一列に並んでお題に面白おかしく答える〝大喜利〟を番組のメインとすることにより、放送として成立させたのである。

ただ、ひとつ興味深いことがある。それは、しばらく前のことになるが、１９７０年代頃までは漫才の所要時間もおおむね10分程度だったという点だ[9]。なぜそれが5分程度にまで短縮したのか。その背景には、お笑いビジネスにおける競争原理の導入があると考えられる。

Q19で述べたように、お笑いビジネスで成功するには、笑いの品質を低下させることなく第1〜第4ステップのクリアに要するコストを節約しなければならない。Q26で詳しく検討するが、漫才・コントと落語は同じ笑いでも高度に差別化された〝商品〟である。落語は早々にテレビからの撤退を余儀なくされたが、漫才は80年代の〝漫才ブーム〟に乗るかたちでテレビ番組を通じて世間の認知度を高めていった。そうなると必然的にテレビ局サイドは、短い時間でより多くの笑いをとれる〝生産性の高い〟芸人を集めて番組を制作しようとする。なぜなら笑いをとるのに時間がかかっていては、リモコン操作が当たり前となったテレビ視聴者にすぐチャンネルを変えられてしまうからである。こうした流れを受け、若者たちもテレビが求める〝売れる〟芸人を目指して競争を繰り広げたといえる。

一方、笑いの消費者である観客サイドにも原因がある。それは笑うために働く脳のキャパシティの限界だ。笑いの生産性を上げるには、短い時間にたくさんの不自然さを詰め込み、それらを次々と観客に見せつつ、さっさとチャラにしてもらわなければならない。つまり、観客はシステム1と2の働きを短時間で切り替える必要がある。この作業を繰り返し行うことは、不自然さの内容が高度であればあるほど脳の負担を高めることになる。どうみても5分が限度で、それ以上見続けると疲れてしまうのだ。

その点、落語にはストーリー性があり、20分間笑い続けるなどということはない。だから高齢者でも十分楽しめる。若手お笑い芸人が繰り出すネタの嵐に高齢者はとてもついていくことができないのである。

（Q㉓ なぜお笑い芸人がテレビのMCになるのか？）

いまやお笑い芸人の姿をテレビで目にしない日はないほどその存在感は高まっている。しかも活躍の場は、お笑い番組にとどまらない。最近ではバラエティ番組の進行役（MC）、さらには報道番組のコメンテーターまで務めるようになっており、プロの司会者顔負けの活躍ぶりである。なぜこうした状況になっているのだろうか。

その理由を探るには、笑いを売り物とするために必要な能力を考えてみればよい。すぐれたプロの芸人たちは、笑いを創作するため常にネタとなる不自然さを見つけ出そうと観察眼を磨いている。その不自然さは深刻な社会問題や重大事件であってもよいし、他愛ないゴシップネタであってもよい。

このとき、学者や法曹など専門職につく人たちは、それを真剣に受け止め、解決策を提示するのが仕事である。だが、ワイドショーやバラエティ番組にそこまでの任務は負わされていない。また、視聴している人たちもそれほど堅い内容を期待しているわけでもない。そうなると、適当なところで番組が取り上げた問題に終止符を打つ必要がある。

そうしたときに活躍するのがお笑い芸人である。芸人たちが得意とすることは、世の中の不自然さを笑いに転換し、それをチャラにすることである。つまり、自身への親しみやすさを武器に、社会問題から当事者性と深刻さを消し去るという〝解毒〟作業を行って無害化する能力に長けているのだ。それによりシステム2を作動させていた視聴者も一息つくことができる。

テレビ朝日の討論バラエティ番組『テレビタックル』で司会を務めるビートたけしはその典型といえるだろう。同番組は、賛否がはっきり分かれる物議を醸しそうなテーマをあえて扱うことが多い。そこで繰り広げられる議論も決してふざけた内容ではなく、登壇メンバーはかなり真剣に議論をしているように見受けられる。

ただ、テーマが重いだけに、数分の議論では到底結論が出ることはない。ときに議論が白熱するあまり、登壇者同士が感情的になり、一触即発の事態に陥りそうになることもある。そんなときに重宝するのが司会のビートたけしである。適度なタイミングで議論に割って入る。〝世界の北野武〟だけに登壇者も彼には一目置いている。おもむろに口を開いた彼が難しい問題を巧みに笑いに変えることで、緊張した空気は一変し、スタジオは笑いに包まれる。そして無事に次のテーマに移ることができるのだ。

（Q㉔ 三遊亭円楽の不倫はなぜ大事に至らなかったのか？）

三遊亭円楽といえば、日本テレビ『笑点』の大喜利の中心メンバーとして、毒舌ユーモアを連発することでも有名な日本を代表する落語家である。そんな彼がかつて写真週刊誌に不倫疑惑を報じられ、記者を前に会見を開いたことがあった。

円楽は〝浮気〟を潔く認めたうえで不適切な関係だったと謝罪し、「お客さまに不快な思いをさせたのであれば、高座でお返しをして一生懸命稽古してまいります」と涙ながらに反省の弁を述べた。ここまでだったらありきたりの〝謝罪会見〟なのだが、彼の卓越したところは、こうした場面でも笑いを巧みに利用する点である。会見最後の記者とのやりとりを以下に引用する。

記者「不倫とかけてどう解きますか?」
円楽「今回の騒動とかけまして、いま東京湾を出てった船と解く」
記者「その心は?」
円楽「航海(後悔)の真っ最中です」
記者「ハハハハハハ」(拍手)

不倫報道をめぐっての謝罪会見は扱いが難しい。なぜなら不倫は不適切な行為ではあるものの、刑事事件でないうえにその直接の被害者である配偶者は普通その場にいないからだ。ファンに謝罪とはいっても、会見場は寄席や劇場ではないし、このような芸能ニュースをテレビで見ている人たちのほとんどは(私を含め)単なる〝野次馬〟にすぎない。つまり、何のために開かれているのかが今ひとつはっきりしないのだ。だからといって、そんなことを考えながら謝罪の言葉を並べたのでは真剣味が足りなく映るだろうし、逆に心がこもりすぎると演技ではないかと疑われるだろう。また、面倒がって早く切り上げようとすれば、誠意がないと思われてしまう。

円楽はそうした難しい局面を、笑いによって打開することに成功した。笑いの最大の効用は〝不自然さ〟を〝チャラ〟にすることである。普段から『笑点』の人気者で、親近感を持たれているうえに、自身の配偶者を除けばほとんどの人たちは不倫騒動の非当事者である。すなわち、笑いに変換する環境はすべて整っているのである。

このとき最も難しいのは第４ステップの〝心の解放〟である。多くの人は円楽の不倫など本来〝どうでもいいこと〟だと思っているが、その一方で、不倫自体は好ましからざる行いで簡単に〝チャラ〟にしてはいけないと考えている。だとすれば、不倫という不自然さを笑い飛ばすためには〝大義名分〟が必要になるだろう。それが円楽の〝航海〟と〝後悔〟を結びつけた謎かけなのだ。反省の要素を謎かけに含めることで、記者や視聴者をこの騒動から〝解放〟しているのである。そして、いったんチャラにしてしまえば、このテーマが再び持ち出されることはなくなるだろう。[10]

Q25 お笑い芸人と学者は似ている？

お笑い芸人は、その職業上の性《さが》として、世の中に存在する不自然さを探すため、常に頭を働かせている。また、そうでなければこの世界で生き残っていくことは難しいだろう。次から次へと若手芸人が登場する一方、笑いの市場規模は限られている。新しいネタをつくり続けなければ次第に活躍の場は失われる。

笑いの原因はスタンダードから外れた不自然さだが、これまで述べてきたように、誰もが不自然だと思う話を持ち出しても大きな笑いにはつながりにくい。ダジャレや下ネタがいわゆる〝オヤジギャグ〟として忌避されるのはそのためだ。つまり、少なくともプロの芸人を名乗る以上は、素人なら気づかない当たり前に思われるような現象のなかから不自然さを見つけ出し、それを聴衆が笑ってチャラにできるネタに変換する能力を備えていなければならない。

実は、この作業は学者に通じるところがある。私も経済学者の端くれだが、本を書くネタを探すため、常にアンテナを張り、世の中の不自然なことをキャッチしようと試みている。それは簡単にいえば「常識を疑う」ということである。目に入るものをすべてスタンダードだと解釈してしまうと、新たな発見は生まれない。どんなことに対しても、「こんなはずではない」

と常に疑ってかかることが求められるのである。

ただ、こうしたことを四六時中やっていると、周囲との摩擦を生むことになる。たとえば、私はニュースやドラマを見ているときもこの作業を続けている。2018年に中央省庁による〝障害者雇用水増し問題〟が起きたときも、報道のズレっぷりが甚《はなは》だしく、まさにツッコミどころ満載で、ニュースを見ながらもつい「そこはそうじゃないだろ」「何を的外れなコメントをしているんだ」と呟いてしまう。

一方、ドラマでは次のようなシーンがしばしば登場する。職場の同僚2人がレストランで夕食をとりながら仕事上の真剣な話をしているが、テーブル上には豪華なメインディッシュが並んでいる。そこで私はすかさず次のようにツッコむ。「なぜそんな話をメインディッシュが出てくる前に済ませておかないのか」「せっかくの料理が冷めて不味くなるだろ」。料理を並べておくのは、ドラマの見栄えを良くする演出なのだろうが、どう考えても不自然だ。ところがこうしたツッコミは、ドラマを鑑賞している人からすると、新たなシステム2の作動を喚起してしまうようで、実に評判が悪い。

日本では学者が役所の審議会や委員会などの委員を務め、政策決定に関与することが当たり前となっている。しかし、世の中の不自然さにツッコミを入れ、新たな発見を促す役割を果たすべき学者が、結論ありきの役所の仕事を喜々として引き受けているのは、まったく理解できない。つまり学者たるもの、常にいい意味での〝反体制派〟でなければならないのだ。私はどの委員会でも、役所がいやがることを平気で言うし、むしろ既定路線をひっくり返すことが自分の仕事だと思っているくらいなので、いまやどこの役所からもお声がかからなくなった。役所にしてみれば、学者の仕事は自分たちのやろうとしていることに〝お墨付き〟を与えることなのだから、私を避けることは、当然の措置ともいえるだろう。

ひるがえってお笑い芸人について考えてみよう。不自然さを発見ないし創作することが仕事である点では同じだが、芸人の務めはそれを解毒して笑いに変えることである。笑いは心の解放が目的であって、不自然さにこだわったりそれを消し去ろうとするのはその役割の範囲を超えている。学問的な知識をバックグラウンドとして持論を展開する学者とはその点で異なる。たとえば、2018年5月に放送された日本テレビ『笑点』の大喜利で次のようなやりとりがあった。

昇太「人はうるさいと耳をふさいだりなんかしますよね。そこで皆さん、今回耳をふさいでください。で、ひとこと言ってください。私が『どうしたの?』って聞きますから答えてください。はい、円楽さん」
円楽「（耳をふさいで）安倍晋三です」
昇太「どうしたの？」
円楽「トランプ氏から国民の声は聞かなくていいと言われました」
昇太「はい、木久扇さん」
木久扇「（耳をふさいで）うるせーなー」
昇太「どうしたの？」
木久扇「沖縄から米軍基地がなくなるのはいつなんだろうねぇ」

これは現政権を皮肉ったいわゆる政治ネタである。これを国会の参考人質疑や報道番組でやれば〝マジ〟な話となり、その根拠はどこにあるか議論が沸騰するところだが、『笑点』はお笑い番組であり、後楽園ホールの聴衆も政治活動に参加するためではなく、不自然さを笑いに変えてチャラにする目的で集まっている。

ところが視聴者のなかには、落語家たちのネタから心を解放することができず〝マジ〟に受け取る人たちがおり、テレビ局に苦情の電話をしたり、ブログなどで批判を展開したりする。

一方、お笑い芸人のなかには、自身のブログに政治的な内容の書き込みをし、それが原因となって炎上騒動を引き起こすケースもある。

Q10で述べたように、笑いの世界における政治ネタは〝風刺〟の部類に入る。その目的は現政権を転覆させることではなく、笑いに変えてチャラにすることである。一方、不特定多数が見るブログは笑わせるのが目的ではなく、自分の考えを世間に表明する場だろう。どうも日本ではこうした区別が十分にできていないようだ。笑いのネタをチャラにできず、マジで受け取る人がいる一方、笑いを通じて社会を皮肉るはずの芸人がマジに受け取られるような場で政治的発言を繰り返す。『笑点』の政治ネタに反発するなら、別の番組でそうした芸人を皮肉るような〝笑いのネタ〟を披露してもらいたいし、お笑い芸人が現政権を批判したいなら寄席や劇場での笑いを通じて堂々とやってもらいたいものである。

【第3章注】

（注1） プロダクション人力舎や渡辺プロダクション・ワタナベエンターテインメントもそれぞれスクールＪＣＡ、ワタナベコメディスクールといった芸人養成学校を運営している。

（注2）　たとえば、坂上二郎やビートたけしは下積み時代に浅草フランス座というストリップ劇場で幕間コントを演じていたことで有名である。

（注3）　観客にはアンケート用紙が配られ、登場した芸人たちの評価をするよう求められる。このアンケート結果を踏まえ、大相撲の番付のような芸人たちのランクが決められる。そこでランクが上がれば、より客が集まりやすい活動の場が与えられる。こうした競争メカニズムが若手芸人たちのやる気を引き出すのである。

（注4）　「落語とは、ひと口にいって『人間の業の肯定を前提とする一人芸である』といえる」（立川談志：1985、14ページ）

（注5）　この点については、Q36で再考する。

（注6）　ネタが高度化した背景として、芸人の高学歴化が挙げられるかもしれない。かつては高学歴を売り物にする芸人はコント赤信号のラサール石井くらいであまり多くなかったが、現在では高学歴にとどまらず、難易度の高い資格を有する芸人も登場してきている。たとえばワタナベエンターテインメント所属で第5回NHK新人お笑い大賞の優勝者でもあるGパンパンダの二人は、筑波大学附属中学・高校、早稲田大学商学部の同級生である。そのうちの一人は大学在学中に最難関国家試験のひとつとされる公認会計士試験に合格、もう一人もTOEIC720点と高い英語力を有している。

（注7）　反感を買いそうなネタをうまく笑いにつなげる手法については、Q43で詳しく検討する。

（注8）　落語が旅客機のオーディオサービスに含まれているのは納得できる。落語家の噺は耳から聞いただけでも場面を想像しながら楽しめるし、しかも飛行機という密室で座席に数時間座った状態なので落語をじっくり楽しむこともまったく問題なくできるからである。

（注9）　その頃活躍した漫才師は、「獅子てんや・瀬戸わんや」「コロムビア・トップ・ライト」「夢路いとし・喜味こ

いし」等が挙げられる。

（注10）　Q14も参照。

第4章　笑いのビジネス：落語

Q㉖ 落語にとっての笑いとは何か？

落語は笑いを提供するビジネスのひとつだが、漫才やコントなどの〝お笑い〟とはいくつかの点で異なる制度上の特徴を持っている。

まず、高座で披露される落語のネタの多くは〝古典落語〟としてすでに内容が広く知られている。しかも使える道具は手拭いと扇子だけである。いわばクラシック音楽を演奏するピアニストのようなものだろう。一方、お笑いでは、同じネタを他の芸人が真似るのは御法度だが、観客を喜ばせるためならどのような手を使っても構わない。

次に、お笑い芸人はデビューしていきなりブレイクすることもあるが[1]、落語家が一人前になるには前座から二ツ目、真打と昇進していかなければならないため、短期間でトップクラスに

上り詰めることは不可能である。(2)

そして、落語家になるには師匠を見つけて入門する必要があるのに対し、お笑い芸人では誰の弟子にならなくても問題はない。

こうした制度上のちがいはあるものの、その目的は〝観客を笑わせる〟という点で共通している。もし〝笑い〟という成果が両者で同質だと仮定するなら、経済学的には競争が進むに従って、どちらかが淘汰されていくはずだ。つまり、より効率的に面白さを提供できるほうが競争に勝つはずである。

しかし、現実にはそうなっていない。寄席落語は江戸時代、そして寄席漫才は明治時代以来の歴史を持ち、ともに淘汰されることなく現在まで続いている。ということは、両者の〝笑い〟は異質であり、差別化された商品とみなさなければならない。

古典落語は書籍としても出版されているので、それを読めば誰でもストーリーを知ることができる。また、多くの落語家が繰り返し演じてきた古典の名作であれば、頭の部分を少し聞いただけでどの作品かすぐにわかるだろう。つまり、そういうことを承知のうえで寄席に通ってくる落語ファンは、単に面白さだけを求めているわけではなく、落語家の〝芸〟を味わいに来ているのである。その証拠に、同じ作品を演じる場合でも、入門したばかりの前座と真打とでは客の反応がまったく異なることがわかる。

この点について、Q1の「四段階説」に照らして考察してみよう。寄席で落語を楽しむ客にとって、披露される不自然さの内容はある程度予測できているため、〝新しいネタ〟といった意外性による爆発的な笑いは期待できない。第1ステップでの工夫は限定的とならざるを得ない[3]。

そこで落語家は、アペリティフとして噺に入る前のマクラを5分ほど披露する。そこでは、落語家の個性を表に出しつつ、観客に親しみを持ってもらい、両者の距離を縮めるような面白おかしい世間話が中心となる。実はこの時間がとても重要である。ここでうまく惹きつけておかないと、あとで本題に入ったとき観客が落語家の描き出す世界にスムースに入り込めず、笑いも生まれにくくなるためだ。

この第2ステップでの仕込みが十分できていれば、あとの第3と第4ステップをクリアするための手段は落語のストーリーが用意してくれている。もちろん、そこで落語家独特の巧みな話術と高い演技力が求められることはいうまでもない。ここまで完璧にできてはじめて、客は何度か聞いた噺であっても、大きな声で笑ってくれるのだ。

こうしてみると、落語の〝笑い〟は単なる可笑しさの感情表現ではないことがわかる。それは、長年修業を積んだ落語家が披露する〝芸〟への称賛であり、歌舞伎における大向こうや横綱手数入《でずい》りのさいの「日本一」のかけ声と同じ意味合いなのである。

立川談志は生前、何を話しても笑う客に対して不満を漏らしていた。(4) 実際、弟子の真打昇進がかかった高座において、やたらと笑う客に向かって「笑うんじゃねえって言ってるだろうが！」とドスをきかせたことでも有名だ。(5) その含意は、芸への称賛である笑いを軽々しく扱うなという意味だろう。落語における笑いとは何たるかを生涯にわたって探求し続けた談志の面目躍如たる逸話といえる。

（Q27 古典落語に登場する〝与太郎〟の役割とは？）

古典落語にはさまざまなキャラクターが登場するが、そのなかでも異彩を放っているのが〝与太郎〟である。いくつか代表作を取り上げてみよう。

道具屋　仕事をせずブラブラしている与太郎が伯父から道具屋（フリマの古物商）をやるよう勧められるが、客との会話が成立せず、まったく売れない。

大工調べ　大家から家賃未納の質《かた》に道具箱をとられた大工の与太郎が大家にいいようにあしらわれるが、棟梁の助けと奉行の裁きにより道具箱を取り戻す。

ろくろ首　無業で独身の与太郎が伯父に結婚したいと願い出て婿入り話を紹介されたが、新妻の〝ろくろ首〟を目の当たりにしてあわてて逃げ帰る。

興津要編『古典落語』所収の『道具屋』の冒頭には、「これで落語のほうで大立者といえば、ばかの与太郎ということになっております。ですからこういう人物がでてまいりますとお笑いもひときわ多いというもので……」との前置きがある。つまり与太郎は、少々頭が弱い、すなわち若干の知的発達の遅れがあるように見受けられる。

ここで「知的発達の遅れを笑いのネタにするとはいかがなものか」と眉をひそめる前に、噺のなかで彼がどのように扱われているか調べてみるのも悪くない。『道具屋』には、まともな対応のできない与太郎に対して怒る客も出てくるが、それより「なにか商売でもやって（おふくろさんを）安心させてやったらよかろう」と道具屋の元手を貸してくれる伯父や、「あたしのわきがあいているからここへ店をだしな」などと新参者の与太郎を受け入れる同業者もしっかり登場する。また、『大工調べ』では道具箱を取り返すため、与太郎に代わって分からず屋の〝因業大家〟を怒鳴りつける棟梁や、家賃滞納をたしなめつつも、お裁きでは質店の資格を持たずに与太郎から道具箱を取り上げた大家に逸失利益の支払いを命じる町奉行・大岡忠相がいる。そして、『ろくろ首』では、与太郎に結婚相手を紹介する伯父と彼を婿として迎え入れる資産家の娘の存在がある。

立川談慶（2017）は、師匠である談志の「落語は人間の業の肯定」（Q20参照）を引用しつつ、「落語は現代人のヨシとする価値観とは真逆」であるとともに、与太郎は「人間臭い、だらしない、だからこそ憎めない」人物として描かれていると指摘する。この「憎めない」キャラクターを演じる落語家の技により、与太郎は観客に受け入れられ、彼が引き起こす不自然さは笑いとなってチャラになる。この笑いの〝解毒〟作用を通じて、落語は私たちが与太郎のようなキャラクターを持つ人たちとの〝共生社会〟を構築するための智恵を示しているともいえるだろう。

（Q㉘ 古典落語と新作落語のちがいとは？(6)）

一般に落語は〝古典〟と〝新作〟に大別される。前者は江戸から明治期につくられたものをいい、後者は大正時代以降の噺といわれている。

もっとも落語の発祥は戦国時代に滑稽譚を話す御伽衆《おとぎしゅう》にあるともいわれており、その後、江戸時代になって聴衆から金銭をとって噺を聞かせるプロの落語家が登場したとされる。当時は、当然ながら速記術や録音器具もなく、著作権制度も整っていないわけで、誰がどの噺を創作したか明確な記録もない。客受けする噺は落語家の間で口伝えによって広がり、その過程でさまざまなアレンジが加えられ、その内容が成熟していったと思われる。

明治期に入り、速記術と活字印刷技術が生まれ、さらにレコードによる音声記録も可能になると、寄席に行かなくても落語を楽しめるようになり、落語の市場規模は格段に広がった。それに伴い、落語の定義も曖昧になり、客受けを狙い自己流にアレンジした珍芸を披露する落語家も現れ始めた。

そうした流れに危機感を抱いた一部の落語家たちは、落語の伝統保持、後進の育成、寄席の改良を目的とした「落語研究会」を発足させた。月１回の例会では江戸以来の伝統的話芸が披露され、演者や演目も事前に予告された。その段階で、それまでちがうタイトルながら似通った噺として演じられていた演目の統一化が進んだといわれる。

このように歴史を振り返ってみると、古典と新作の定義を改めて考えてみるのも悪くない。

まず、創作された時期で区分するのはあまり適当だとは思えない。なぜなら、江戸時代につくられた噺でもできた当時は新作だったはずだからである[7]。また、作者不詳の噺を古典とするのもいかがなものか。なぜなら、古典落語として有名な『芝浜』や『文七元結』は、明治期に活躍した落語家・三遊亭圓朝の作品とされているからだ。さらに、古典は江戸時代が舞台というのも不正確だろう。実際、桂文枝作の新作として有名な『ゴルフ夜明け前』では、坂本龍馬や近藤勇などが登場してくる。

最も納得できる区分は次のようなものだろう。すなわち〝古典〟とは、これまでに数々の落語家によって繰り返し演じられ、その過程で内容がブラッシュアップされ、現代まで引き継がれてきた噺に与えられる〝称号〟という解釈だ。つまり、古典落語には時代や演者を超えた普遍性があるといってもよい。したがって、いま〝新作〟と呼ばれている噺が〝古典〟になるかどうかは、今後どれだけ多くの落語家によって繰り返し演じられるかにかかっているのである[8]。

Q29 真打《しんうち》制度の意味するところは何か？

東京には、伝統的な江戸（東京）落語を主に演じる4団体（落語協会、落語芸術協会、円楽一門会、落語立川流）があり、落語家の階級を定める真打制度を導入している。その概要を以下に紹介しよう[9]。

東京で落語家になるためには、特定の師匠を選んだうえで入門しなければならない。入門が許可されると、〝前座見習い〟となる。まだ見習いであるため、寄席の楽屋入りはできず、師匠の家で雑用などをこなしながら落語家になるための修業（落語の稽古、着物の着方やたたみ方、鳴り物の稽古など）を始める。

ある程度できるようになると師匠から〝前座〟への昇進が認められる。ここではじめてプロの落語家となる。前座の仕事は、見習いと同様に師匠の家での雑用、師匠がトリを務める寄席での諸々の作業、そして〝開口一番〟として寄席の番組で初っぱなに落語を披露することだ。そうした仕事をこなしつつ落語の稽古も怠りなく続ける。

前座を４～５年務めると、師匠から二ツ目への昇進が許される。二ツ目は、紋付き・羽織・袴姿で高座に上がれる。また、一人前の落語家としての扱いを受ける。また、師匠の仕事の手伝いからも解放されるため、自分の時間を持てるようになる。この自由な時間をどう使うかが落語家として大成するかどうかの分かれ目といわれる。つまり、適当に小遣い稼ぎをしながら遊びほうけてしまう者もいる一方、さまざまな習い事に精を出したり交友関係を広げるなどして芸に磨きをかける者もいる。まさに自分次第なのである。

二ツ目を10年ほど務めると、師匠からいよいよ真打昇進へのお声がかかる。真打になると周囲からは〝師匠〟と呼ばれ、弟子をとることもできる。寄席の番組ではトリを務めるのが一般的だ。落語家の階級としてはこれが〝終点〟となる。

昇進の基準は各団体でまちまちである。たとえば、談志存命中の立川流における二ツ目への昇進条件は「古典落語五十席に歌舞音曲」となっており、師匠の満足するレベルに達しない限り、後輩に抜かれようが何年かかろうが前座を続けなければならないという厳しいものだった[10]。

実際、この真打制度はこれまで落語界における数々の騒動の引き金にもなってきた。たとえば、1978年のいわゆる落語協会分裂騒動は、当時会長だった5代目柳家小さんが昇進基準を緩和したことで大量の真打が誕生し、それに反発した6代目三遊亭圓生が協会を脱退したことによる。また、1983年設立の落語立川流は、当時落語協会理事だった立川談志が、自分の不在中に実施された真打昇進試験において、実力十分とされた弟子2名が不合格とされたことに不満を持ち、協会を脱退してできた一門である。

こうした騒動が起こる原因は、落語家の目指すところが〝芸〟の上達だからである。たとえば、大相撲の番付は横綱から序ノ口までの階級を示しているが、そこでの昇進は基本的に本場

図4-1　落語4団体（2018年1月現在）

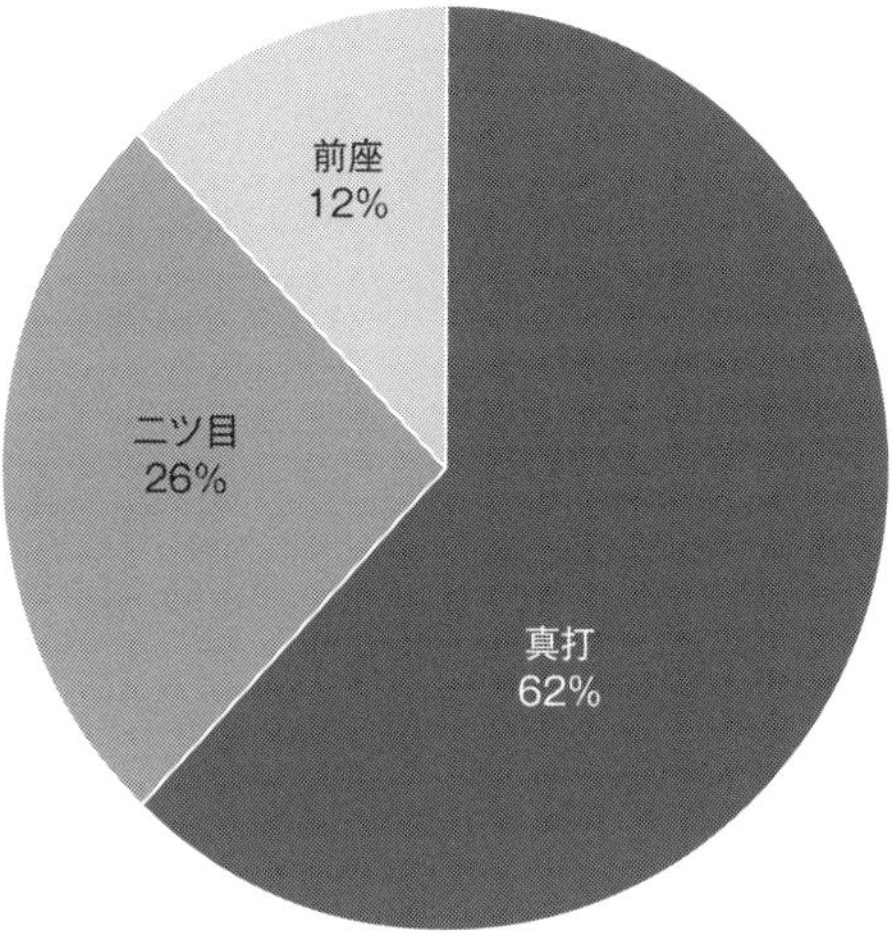

所での成績によって決まる。誰かが勝てば必ず誰かが負けるので、全員が昇進することはあり得ない[11]。ところが、勝ち負けがない落語では、昇進のために相対評価法を用いることが困難である。いきおい、芸の上達ぶりを基準とするわけだが、そこから完全に主観を排除することはできない。したがって、ある程度の年月を経て、それなりの経験を積み、実績を上げた者から順番に昇進させるという方式が採用されることにならざるを得ない。

経験と過去の実績は減らないので、いったん昇進すれば下がることはない。図4－1は、東京の落語4団体に所属する落語家の階級別割合を示したものである。最高位の真打が6割を超えており、階級が下がるに従って割合も減っていることがわかる。定年がない落語家は、仮に20歳で入門し35

図 4-2　東京大学経済学部（2018 年 1 月現在）

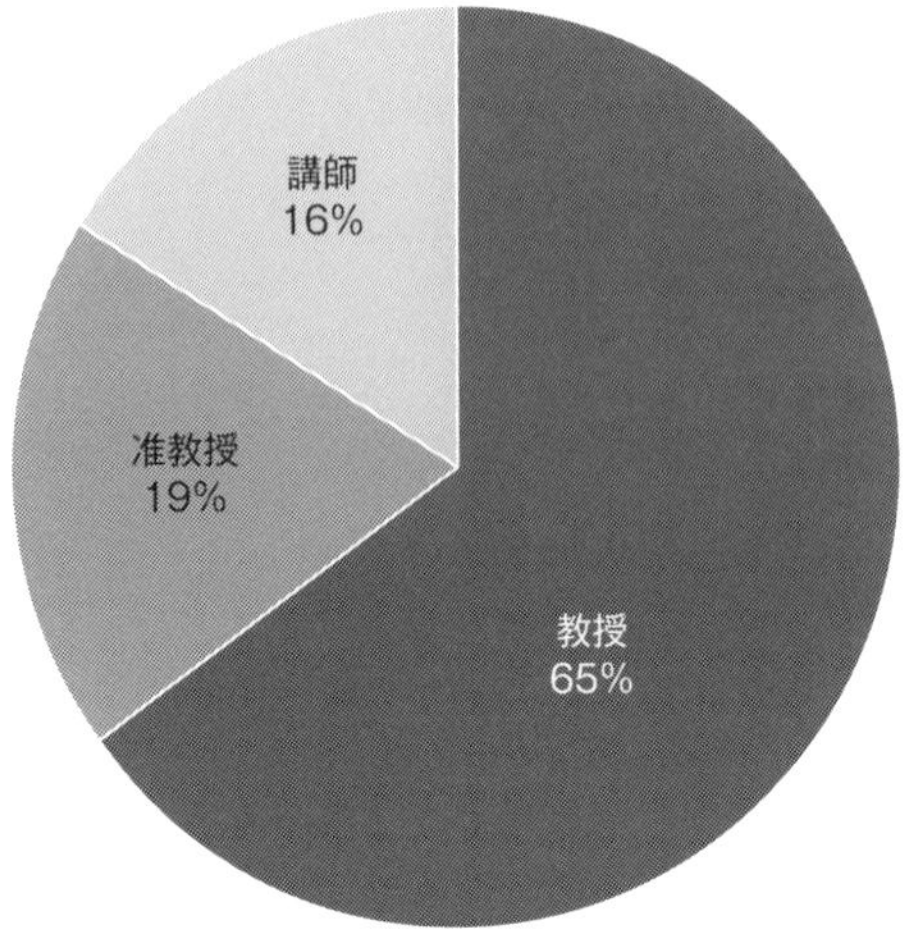

歳で真打に昇進したとすると、真打の期間が最も長くなるため、必然的にこの図のような形になるのである。おおむねどの団体も年齢と階級のバランスを考えたうえで、真打昇進に必要とされる芸のレベルを決めていると推察される。

実は、これと似た現象が観察される場所がある。図4－2は東京大学経済学部に所属する教授、准教授、講師の割合を示したものである。現在の大学では、文科省から硬直的かつ閉鎖的な講座制や学科目制の運用を避けるよう指導されていることもあって、教授の数に厳しい制約がない。つまり、昇進の是非は基本的に各教員が積み上げた業績の質と量によって決まる。そして、その基準は年齢と職位のバランスを考慮して決められるので、落語界ときわめて似かよった階級の構成になると考えられる。

ただ、大学教員は所属先から安定的に給与が支払われるのに対し、落語家は寄席に出たり独演会を開くなどして自分で稼がなければならない[12]。真打は落語家の階級としては最高位だが、それはあくまで称号に近いものであって、昇進後に成功するか否かは本人がその称号をどうまく活用するかにかかっているのである。

Q30 前座の落語はなぜ〝定番〟なのか？

Q29で述べたように、寄席の番組では、初っぱなに開口一番と称して前座が登場し、短めの落語を披露することになっている。その演目は『寿限無』『たらちね』『時そば』など、誰でも知っている定番の古典落語が普通である。まちがっても『紺屋高尾』のような人情噺や『文七元結』のような長編はやらない。その理由を考えてみよう。

まず、こうした定番は、修行中の身である前座にとって最初に学ぶべき落語の基本中の基本という点が挙げられるだろう。それらをマスターしてはじめて、演じるのがより難しい噺に挑戦できるということである。だが、これだけが理由とは思われない。なぜなら、いくら基本が大事とはいえ、定番ばかりでは芸の幅が広がらないし、実際の稽古ではさまざまな落語を勉強しているはずだからである。

では客の立場になって考えてみたらどうだろうか。一般に、寄席では番組の内容が事前に観客に通知されることはない。噺が始まってはじめて「あぁ、あれだな」と気づくわけだ。たとえて言うなら、フルコースの内容を知らず、どんな料理が出てくるか楽しみにしている客のようなものなのである。したがって、開口一番に求められる役割は、コースのオードブルのようなものであり、メインディッシュである真打の噺を楽しみにしている観客のワクワク感を高めることだろう。

だとすれば、短めの定番落語が最も無難である。なぜなら、観客の多くはその内容を知っており、どこで笑うべきかもわかっているため、不自然さを識別するシステム2の働きを大幅に軽減できるからである。客を疲れさせることなく、ほどほどに笑いをとり、メインディッシュに備える工夫ともいえる。

また、前座のあとに登場する二ツ目や真打にとっても、定番を演じてくれれば自分のプログラムを組み立てやすい。なぜなら、落語家は、寄席の高座に上がるさい、自分の前にやられた演目をネタ帳で確認したのち、その日の噺を決めるからである。つまり、コース料理の内容はアドリブなのである。定番の噺は登場人物もさほど多くなく、内容も比較的単純であるため、そのあとに演じる落語家がバリエーションをつけやすいといえる。

寄席の役割は、客を疲れさせずに笑って楽しませ、最後には満足させて帰すことだ。前座の開口一番はその役割の一部を担っているのである。

Q㉛ 志村けんの笑いと落語の共通点は？

志村けんは日本を代表するお笑い芸人である。徹底して笑いにこだわり、他の芸人のようにMCや俳優など活動の場を広げることはしない。ただ、彼のコントにはひとつの特徴がある。それは、毎回筋書きがほぼ決まっているという点だ。すなわち、必ずどこかで見たような場面になり、同じ人物が登場し、似たようなオチがくる。にもかかわらず、1987年11月にスタートしたフジテレビ『志村けんのだいじょうぶだぁ』は93年まで毎週放送され、その後、不定期にはなったものの、年3回ほどのペースを保ちつつ、現在まで続いているのである。

このいわゆる〝ワンパターン型〟の笑いは別に珍しいものではなく、1961年から11年間続いた日本テレビ『シャボン玉ホリデー』や1969年から85年まで放送されたTBS『8時だヨ！　全員集合』にも見られる。また、なんばグランド花月劇場で公演される『吉本新喜劇』は、毎回ほぼ同じストーリーとネタながら、現在も多数のファンを魅了し続けている。

　こうしたワンパターン型が根強い人気を保っているのには理由がある。それは客に安心感を与えるという点だ。Ｑ１で述べたように、笑いはシステム２が不自然さを認知するところからスタートする。その際、自分のスタンダードと照合するために脳の働きは活性化される。ただ、不自然さがどこにあるかわかりにくかったり、予告なしに新しい不自然さが登場すると、認知と照合に時間がかかり、それだけ脳に負荷をかけることになる。

　その点、ワンパターン型では笑うべき箇所があらかじめわかっているので、客は安心してコントを楽しむことができる。(13) 志村けんのコントでは、〝変なおじさん〟が登場するかどうかは始まった時点でだいたい予想できる。そして、出てきたとき「やっぱり出た」という安心感とともに、その極端なまでの不自然さが笑いに変換され、脳から解放されるのである。

　ここまで読まれた方は、この笑いの作法が落語ときわめて似通っていることに気づかれたのではないだろうか。同じ噺が繰り返し演じられていても、寄席を訪れたファンは飽きることなく楽しんでいる。つまり、落語や志村けんに代表されるワンパターン型は、システム２に余計な負荷をかけたくない客をターゲットとした笑いなのである。

実際、ワンパターン型のお笑い番組が人気を集めた１９６０～70年代頃は、テレビが一家に一台しかなく、同じ番組を家族全員が見るという時代でもあった。つまり、システム２への負荷をあまり望まない親世代と、単純な不自然さでないと認知しづらい子ども世代が同時に楽しめる番組が求められたのである。

ただ、同じネタを繰り返すだけのワンパターンでは、しだいに客は不自然さに馴れ、いずれ飽きてしまうだろう。そこで必要となるのが〝芸〟の存在である。Q26で述べたように、手拭いと扇子を用いた話術だけで自らの描き出す世界に客を引き入れる落語家の技は、長年の経験で磨き上げられた〝芸〟の域に達している。それを客は笑いによって称賛する。志村けんのコントも同様だ。ワンパターンながら登場人物を見事に演じきることで、すでに何度も見たネタでも視聴者や客は笑ってくれるのである。

志村けんと落語にはもうひとつの共通点がある。Q27において、古典落語に登場する与太郎は若干の知的発達の遅れを持つキャラクターとして描かれていると述べた。これと同様のキャラクターが志村けんのコントにも登場する。たとえば、まともな会話が成立しない〝デシ男〟は知的発達の遅れ、空気が読めない行動をとる〝いいよなおじさん〟は発達障害、物忘れが激しい〝ひとみばあさん〟は認知症といえなくもない。それでも不思議なことに、周囲の人たちは顔をしかめつつも決して怒らないし、逃げ出そうともしない。ひとつ間違えばハラスメントとされかねない行為に対しても妙に寛容なのである。そして、最後は大量の水が上から落ちてくるなどして全員がずっこける。つまり、落語の与太郎と同様、不自然さを怒りによって排除するのではなく、笑いに変換することでチャラにしていると解釈できるのである。(14)

【第4章注】

(注1) たとえば、ブルゾンちえみはデビューわずか2年で吉本興業主催のピン芸人コンクール「R1ぐらんぷり」で決勝進出を果たした。

(注2) 〝真打制度〟については、Q29で詳しく述べる。

(注3) 限定的ではあるが、落語の場合、不自然さの内容が事前にわかっているため、観客にとって不自然さを探すためのコストは節約できる。その分、話の世界に入り込みやすくなるといえる。

(注4) 立川談志(2009)152~154ページ。

(注5) 立川談慶(2013)174~176ページ。

(注6) 本節の内容は、山本進(2012)によるところが大きい。

(注7) 新作落語の創作と普及に尽力した五代目古今亭今輔は、日頃から「古典落語もできたときは新作落語だ」と語っていたという。(山本進:前掲書144ページ。)

（注８）　立川談志（１９６５）において、「噺が師匠から弟子に、そしてまたつぎの者にとながく語り継がれているうちに、それぞれの個性によってギャグもふえ、演出も変わって、おもしろくない部分がとれて、よくできたところが残って今の古典落語の名作になった」（２４２ページ）としたうえで、「噺の舞台を現代に移した新作落語は、現代人の衣裳であるところの洋服を着て立ち上がって語ればいい」と述べている。また、柳家花緑（２０１８）は、「落語が生まれた背景を考えてみると、落語ってつねに〝同時代〟にあった芸能ですよ。だから現代ものをやるのであれば、すべて現代の様式に合わせていいのではないかと思ったんです」と述べ、新作を演じるときは洋装で高座にあがっている。こうした工夫を積み重ねることで〝新作〟も古典化していくのではないだろうか。

（注９）　落語芸術協会「落語家の階級」を参照。

（注10）　立川談慶（２０１３）30ページ。

（注11）　ただ、大相撲でも大関と横綱は例外である。大関は昇進直前三場所の勝ち数の合計が33～34は必要だとされ、横綱は昇進直前二場所の優勝が条件とされているが、上からの陥落力士がいなくても条件が満たされれば昇進できる。また、大関は二場所連続で負け越すと関脇に陥落しなければならないが、横綱はどんなに成績が悪くても大関に陥落することはない。つまり、落語の真打や大学の教授は陥落することがないので、大相撲の横綱に匹敵する称号といえるだろう。

（注12）　大学の場合、給与は職位よりも勤続年数で決まるケースが多いため、ベテラン准教授と少壮教授の給与差はほとんどなく、しかもその額はさほど高くない。つまり、落語界と同じで、あとは自分の努力で稼げということなのである。

（注13）　Ｑ１で示した笑いの４ステップを考えると、第１ステップの不自然さが予見されているという不利な条件をカバーするため、第２ステップでは芸人に対するより強い親しみが求められる。志村けんのキャラクターはそれに

一役買っているといえるのではないか。

（注14）　志村けんは松竹新喜劇で活躍した藤山寛美を尊敬しており、コントにおいて彼が演じるキャラを参考にしたとされる。

第5章　笑いのビジネス：漫才とコント

Q32 漫才にはなぜ〝ボケ〟と〝ツッコミ〟が必要なのか？

漫才は基本的に二人組で客を笑わせる演芸である。(1) その発祥は平安時代ともいわれるが、その後さまざまな形式を経て、現在の主流とされる「しゃべくり漫才」が登場したのは大正末期の吉本興業の芸人、横山エンタツ・花菱アチャコだとされる。

「しゃべくり漫才」のスタイルは、基本的に不自然さを見せる〝ボケ〟とスタンダードからの乖離を指摘する〝ツッコミ〟のかけあいによって構成される。典型的な例として漫才コンビ・ナイツのネタを以下に引用する。

塙　「最近悩みがありましてね。太っちゃったんですよ」

土屋「そうですか。そうは見えないですけどね」
塙「デビュー当時はもっと痩せてたんです、ホントに」
土屋「そりゃまぁそうですね。二十代の頃はね」
塙「デビュー当時の体重はね、三〇二五グラムだった」
土屋「人生のデビューか」
（中略）
塙「オリンピックというのは、ぺ、ダ、ル、を取り合ってね」
土屋「メダルだよ。誰がぺ、ダ、ル、を取り合うの」
塙「すごい取った選手として、パ、ー、ル、ラ、イ、ス、っていう」
土屋「カールルイスでしょ。お米のブランドみたいになっちゃっているから」
塙「この人は一〇〇メートルを九秒八六で走るんです」
土屋「すごいですね。当時の記録ですから」
塙「すごくないですか？　約一〇秒で走っちゃうんですよ」
土屋「意味ないの、そしたら。記録を約一〇秒って言っちゃダメなの」
塙「（オリンピックで）あと盛り上がるスポーツといえば、プールですか」

土屋「プール？　水泳って言ってくんない？　競泳かシンクロって言ってくんないと」

このダイアログを見れば、塙宣之がボケ、土屋伸行がツッコミの役を担っていることがわかる。塙のボケは、「体重三〇二五グラム」「ペダル」「パールライス」「約一〇秒」「プール」であり、いずれも常識に反する内容だが、それを観客が「何をおかしなこと言ってんだ」と判断してチャラにする（心から解放する）ことができれば笑いになる。

この二人の舞台を注意深く見ると、塙がボケた直後に笑いが起こるケースと、土屋がツッコんだあとに笑いが起こるケースの二通りあることに気づく。たとえば、「ペダル」「パールライス」では直《ただ》ちに不自然だと気づくし、それが「メダル」と「カールルイス」に引っかけていることもわかる。そのため、塙が口にした途端に観客は笑う。

ところが、「プール」になると不自然さの認知に時間がかかる。たしかに、水泳競技はプールで行われるが、「プール」という競技名はなく、また競技名だとすると幼児の水遊び的な意味合いになって不自然だ。このようにシステム2を使って理解できてはじめて、笑いとしてチャラにできるネタであるが、そこまで待っていては、次に移るタイミングを逸してしまい、漫才のテンポが崩れてしまう。そこで土屋のツッコミが必要となるのである。土屋が「水泳って言ってくんない？」とツッコむことで観客は、「プール」のどこが不自然かが理解できるとともに、次のネタに移るまでの間をとって観客に笑う余裕を与えるのである。

「体重三〇二五グラム」と「約一〇秒」ではボケた直後に笑いが起きているが、土屋のツッコミのあとでさらに大きな笑いが生まれている。すなわち、「人生のデビュー」と「記録を約一〇秒って言っちゃダメ」という補足説明により、塙のボケの内容とスタンダードとの乖離がより明確になるのである。

それではなぜ、塙はわざわざ理解に時間を要するボケを口にするのだろうか。その理由は、客がすぐに理解できる単純なボケでは大きな笑いがとれないからである。Ｑ１で述べたように、不自然さがスタンダードから乖離していればいるほど、その存在に気づいたのちに解放したときの快感は増す。「ペダル」「パールライス」はその後に来る「約一〇秒」を持ってくる前の地ならしに過ぎないのだ。

それでは、次に爆笑問題のネタ（一部改変）を見てみよう。

田中「思うんだけど、最近の十代の女の子たちはみんな大人っぽいね」
太田「大人っぽくなってますね」

田中「それこそ、援助交際って許せないですよね」
太田「全然悪いことだと思ってない」
田中「街頭とかでインタビュー受けてもね」
太田「そう、『わたしが自分のからだ売っておカネ儲けて何が悪いのよ』って」
田中「頭来るよな〜」
太田「客に向かってその態度はねぇだろ、こっちはなんのためにカネ払ってんだ」
田中「客か！　おまえが一番悪いんじゃねぇかよ」

これに限らず、爆笑問題は時事問題や事件などをもとにブラックユーモアを漫才のネタにすることが多いが、客にしてみると、こうした問題を笑いに変えて解放してしまうことには若干の抵抗がある。まじめな問題を茶化しているように聞こえるからだ。

そこで重要な役割を果たすのが、ツッコミ役の田中である。彼は太田のボケに含まれる棘《とげ》や毒に対してすかさず鋭い突っ込みを入れて中和し、客が笑いとしてチャラにするのを助けている。

このように、「しゃべくり漫才」においてはツッコミの役割はきわめて重要である。(2)ナイツの土屋のように、次から次へと不自然さを見せる塙のボケに対し、スタンダードとの乖離を明確化することによってスムースに次のボケに移行できるようにするツッコミもあれば、爆笑問題の田中のように、清算に抵抗のあるシリアスなネタを解毒し、客が抵抗なくチャラにできるようにするやり方もある。どちらも笑いに必要な聞き手のシステム2の負荷を軽減する働きをしていると考えられる。

Q33 漫才とコントのちがいは？

漫才もコントも不自然さをつくり出し、それを笑いに変えて解放するというプロセス自体にちがいはない。漫才にはどうしても人数的な制約があるが、コントは〝寸劇（conte）〟であるから何人でもかまわない。とはいえ、漫才とほぼ同じ持ち時間の舞台で客を笑わせようとすると、せいぜい三人が限度だろう。もっとも、Q31で紹介した『志村けんのだいじょうぶだぁ』のように、ネタによっては大勢出演するコントもある。

漫才では、ボケとツッコミが掛け合いをしながら、次から次へと話題が変化していくのに対し、コントはひとつの場面を設定して、そのなかでボケとツッコミが入る。たとえば、サンドウィッチマンのコント（一部改変）は以下のように展開する。

伊達「(カラオケ店の受付で) 1人なんだけど、いける?」
富澤「相部屋ですけど大丈夫ですか?」
伊達「やだよ、お前。1人にしてくれよ」
富澤「(深刻そうな顔で) なんかあったんすか? よかったら話ききますけど」
伊達「そういうつもりじゃない。ところで料金どうなってる?」
富澤「37分で130円です」
伊達「かわってんな」
富澤「歌はなに歌われますかぁ?」
伊達「決めてねぇよ、バカ」
富澤「マイクは4本でよろしいでしょうか」
伊達「いや1本でいいわ。デューク・エイセスか」

ボケが富澤でツッコミが伊達というかたちになっていて、笑いの構造は漫才とまったく変わりない。ただ、コントでは、テーブルや椅子など簡単な舞台道具が置かれることもあり、状況が目に見えるかたちで設定されているため、客にとっては不自然さの認知はしやすくなる。これは笑いに至るハードルを下げるという意味で、コントの利点といえる。

その一方で、コントには不利な条件もある。それは、置かれた状況から不自然さの内容がそこそこ予見できてしまうということだ。その点からいえば、Q31で述べた志村けんのコントのように、ボケ役のキャラを固定し、予見可能性の高さを逆手に取るかたちで客に安心感を与えるとともに、不自然さを〝芸〟の域にまで昇華させ称賛の笑いにもっていくことでうまくいくケースもある。

ところが、そこまでの域に達していないコント芸人らは、有利／不利のバランスをとりつつ、笑いをとらなければならない難しさと格闘している。サンドウィッチマンは、富澤のボケの意外性とそれを際立たせる伊達の絶妙なタイミングのツッコミにより、不利な条件を克服しているが、この両者の掛け合いはすでに〝芸〟に近づいているといえるかもしれない(3)。他方、東京03のように、寸劇の流れの中で不自然さをつくり出し、それを笑いに変換しているグループもある。その内容はかなり高度で、〝コント〟というよりも、すでに笑いの要素を含む演劇のレベルに達しているようにさえ思える。

Q34 〝どつき漫才〟は笑えるか？

ボケに対するツッコミの方法として、顔や頭をひっぱたくというものがあり、俗に〝どつき漫才〟と呼ばれている。これは1970年代に活躍した正司敏江・玲児という夫婦《めおと》漫才（のちに離婚）が採用した手法とされ、ボケる敏江の額を玲児がピシャとひっぱたくことで笑いをとっていた。最近ではタカアンドトシというコンビが有名で、ボケ役のタカにツッコミ役のトシが「欧米か！」といいながら頭を叩くというネタを見せている。ただ、このあたりは〝どつき〟そのものにそれほど注目が集まっていたわけでもなく、ツッコミの添え物的な役割を果たす程度だった。

ところが、カミナリという漫才コンビが登場してからは少し様相が変わってきた。なぜなら、カミナリの漫才では、ボケ役の竹内まなぶの頭をまずツッコミ役の石田たくみが平手で上から思い切り叩いたのち、ツッコミの内容をしゃべるという独特のスタイルをとっているからである。ただ、彼らの手法をめぐっては賛否が分かれており、「ボケがわかりやすく、ツッコミのパワーが強烈」という意見もあれば、「ネタがつまらない、痛そうで見ていて不快」という声もある。実際、関西お笑い界の重鎮でもある上沼恵美子は、あるコンテストに出場したカミナリの漫才を評して「〝どつき〟のところで笑いきてない。いらなかったんじゃない？」とネガティブなコメントをしている。

漫才は笑いにつながる不自然さを人工的につくり出す見世物であるから、そのなかに暴力的な要素が含まれていても特に問題はない。これは、演劇やドラマに登場する暴力シーンだけを取り出して批判することに意味がないのと同じである。実際、カミナリの二人も、あるテレビ番組でインタビューアから「強いツッコミが子どもへ悪影響を与えるのではないか」と聞かれたさい、「テレビを見てマネしてそれが暴力沙汰になったりしたら、その子が単に判断力のない子なんだなって思います。もし、世の中にそういう子がいるとしたら、それは親の責任だったり学校の責任だと思いますけど」ときわめて真っ当な返答をしている。そうだとすると、〝どつき漫才〟の是非は、倫理的な問題というよりも、それを見た人たちがなぜ笑う側と笑わない側に分かれるかという点から分析したほうがよさそうである。

Q32で説明したように、ツッコミの役割は、ボケの不自然さをより際立たせるとともに、それを解毒して客の心の解放を助けることである。したがって、ボケの不自然なところが明確で、客にとってチャラにするのにあまり抵抗のない内容であれば、ツッコミの役割はそれほど重要ではない。だとすれば、派手なツッコミを必要とする漫才は、ボケだけでは笑いがとりにくいネタを見せているということになる。たとえば、次のカミナリのネタを見てみよう。

たくみ「地上で考えたとき、一番強えのは熊だな」
まなぶ「したら一番強えのは大鷲だな」
たくみ「大鷲？　あんなの熊なら一発で倒せるだろ」
まなぶ「よく考えてみろ。崖の上から大鷲落としたら羽あるから飛べるだろ」
たくみ「うん」
まなぶ「でも崖の上から熊落としたら羽ねぇから熊おっこって死んじゃうんだよ」
たくみ「うん」
まなぶ「そこ大鷲が食べちゃうんだよ。よって大鷲が一番強いんです」
たくみ「(まなぶの頭を叩いて) 崖から熊落としたヤツが一番強えな！」

まなぶのボケの内容は、聞いただけでは当たり前に思えるから、どこが不自然かわかりにくい。しかし、よく考えると強さを比較するうえでの状況設定に問題があり、きわめてナンセンスな主張になっていることがわかる。そのナンセンスさを笑いに変換してチャラにするためには、ボケの主張のどこがスタンダードからズレているのかを明確にしなければならない。そこでたくみはまなぶの頭を思い切り叩き、間を取る。すると聴衆は「どこがズレているのだろう」とたくみの次のことばに注目する。つまり、カミナリの漫才における〝どつき〟は、ツッコミの内容に聴衆の注意を引きつける手段になっているのである。したがって、カミナリのネタを見て生まれる笑いは、強烈な〝どつき〟によって不自然さの理解が進んだ結果と解釈できる。

それでは〝どつき〟を不快に思う人にとっては、どこにその原因があるのだろう。Q1で説明した「四段階説」を前提とするならば、笑いには不自然さをつくり出す主体への親しみが必要ということであった。おそらく、カミナリのネタを受けつけない人にとっては、ボケの不自然さを強調する手段であるはずの〝どつき〟それ自体がチャラにできない不自然さとして映るのではないだろうか。

前出のトシの「欧米か!」は、親しみの感情を阻害しない程度の軽さに抑えられており、見る側にさほどの不自然さは与えない。しかし、たくみの〝どつき〟はきわめて強烈で、親しみの感情を減衰させている可能性は否定できない。そこで親しみが持てなくなった人は、第2ステップで止まってしまい、肝心のツッコミの内容に注意を向けることができない。したがって、

「ネタがつまらない」という反応になる。また、不自然さにあまり違和感のないネタであれば、上沼恵美子のコメントのように〝どつき〟は必要ないことになる。

〝どつき漫才〟で名を馳せた正司敏江・玲児も、今の時代だったら受け入れられたかどうか微妙ではないだろうか。なぜなら、この二人の漫才では男性（夫）の玲児が女性（妻）の敏江をひっぱたいているからである。いくらネタとはいえ、男性が女性を叩く姿は見ていてあまり気持ちのよいものではない。その時点で笑いへのステップは止まってしまうかもしれない。

Q35 〝ピン芸人〟に必要な能力とは？

〝ピン芸人〟とは、ひとりで聴衆を笑わせる芸人のことである。日本には1000人を超える〝ピン芸人〟がおり、それぞれ個性も強いが、およそ次の6パターンに類別される。

①　世の中に存在するボケにツッコむ（横澤夏子）
②　自作のフリップやビデオでボケたりツッコんだりする（バカリズム）
③　一人でコントをする（友近）

④　自分でボケるだけ（ヒロシ）
⑤　自分でボケて自分でツッコむ（小島よしお）
⑥　モノマネをする（じゅんいちダビッドソン）

Q32では、笑いをつくるうえでボケとツッコミの役割がきわめて重要であることを述べた。〝ピン芸人〟はそれらすべてを一人でやりきらなければならないため、それだけ高度な技が要求されることは間違いない。それでもピンを希望する芸人がいるということは、それなりのメリットがあるということである。

たとえば、グループでひとつのことをやろうとしたとき、起こり得る問題として、価値観の相違からくる相性の悪さ、ネタづくりなどで一人に負担を押しつけるフリーライド、時間を守らないなど勝手な行動をとって相方に迷惑をかける外部不経済などが考えられる。そして、こうしたことが続き、信頼関係が失われれば、グループは解消ということになる。また、もともと仲のよい漫才コンビであっても、そのうちの一人に人気が出て忙しくなることで漫才が続けられなくなることもある。

もっとも、現在活躍しているプロの芸人グループのいくつかも、かつてはメンバーを入れ替えたり、コンビを組み直したりした経験を持っているので、駆け出しの頃であればこうした問題がグループをつくるうえで致命傷になるわけではない。ただ、ある程度名前が売れてから問題が起きると、グループを組み直すわけにもいかず解散せざるを得なくなって、そこからはピンとして活動することになる。はじめからピンでやっていれば、後から起こり得るこうした煩わしさからは解放されるだろう。

芸人養成所のスタッフの話では、グループをつくりたくないとか相方が見つからないといった消極的な理由からピンを選択した芸人は大成しないという。むしろ、周囲も認める〝キャラが立った〟人材こそがピンに向いているそうだ。実際、１０００人以上いる〝ピン芸人〟のうち、世間で名前が知られているのはほんの一握りにすぎず、その芸人たちの個性は際立っている。

私が吉本総合芸能学院の授業を見学させていただいたとき、生徒たちは〝ものボケ〟のトレーニングを受けていた。〝ものボケ〟とは、われわれの身のまわりにあるごく平凡な物を題材として、そこから笑いにつながる不自然さを見つけ出すという技法である。これにはきわめて高度な技術が要求される。なぜなら、ほぼ不自然さのないありふれた物が対象であり、そこから笑いのタネを瞬時に見出すには、日頃から鋭い観察眼と分析力を磨いておかなければならないからである。

また、最初から不自然に見えるもの（たとえば下ネタ系の素材）を対象にしたのでは、聴衆にとって意外性がなく、大きな笑いに結びつけることは難しい。〝ものボケ〟の授業で生徒たちはさまざまな物を題材に奮闘していたが、残念ながら私が声を出して笑うようなネタに遭遇することはほとんどなかった。そうした場面で、目立った対応力を示すくらいでないと〝ピン芸人〟としてはとても務まらないということだろう。

松本人志がチェアマンを務めるフジテレビ『ＩＰＰＯＮグランプリ』は、芸人を一列に座らせ、誰が一番おもしろいことを言うかで競わせるお笑い番組として有名だが、そのなかの「写真で一言」というコーナーは、さまざまな写真のなかからひとつがランダムに与えられ、芸人たちに即興でボケをつくらせるというきわめて難易度の高いプログラムである。写真の内容は、人物や動物のちょっと変わった表情や仕草を表すものがほとんどで、誰もが思いつきそうな単純なボケでは高い点数をもらえない。

２００９年から19年までの20回のうち、最多タイの４回の優勝を誇るバカリズムは、芸の幅の広い〝ピン芸人〟の面目躍如たるものといえよう。もっとも、同じく４回優勝の堀内健と３回の設楽統は、それぞれネプチューンとバナナマンというお笑いグループでネタづくりを担当しており、日頃から笑いのもととなる世の不自然さを見つけるべく、アンテナを立ててきたことが勝因といえるだろう。

Q36 日本で〝ピン芸人〟が活躍しづらいわけは？

お笑いコンビ、パックンマックンのパックン（２０１８）は、日本のお笑いについて「もどかしく感じている面はネタの禁止区域が広いこと。欧米の笑いは人種や宗教のちがいや下ネタなどを題材にするが、日本では使えない」と述べ、それは、日本独特の〝忖度〟という文化のなせる技だと指摘した(4)。

Q25のように『笑点』で政治ネタを披露しただけで批判がくるのが日本である。実際、若手芸人が○○グランプリなどで、あからさまに政権を皮肉ったネタを披露することはない。『日本国憲法』第21条で〝表現ならびに言論の自由〟が保障されているにもかかわらず、である。その理由としてパックンは、「目に見えない一線を越えたときの制裁が目に見えるから」だという。忖度といわれるゆえんだ。

そうした独特の文化的背景が、日本でスタンドアップコメディアン（いわゆる〝ピン芸人〟）

として活躍することの難しさにつながっているように思われる。Q35で述べたように、〝ピン芸人〟は社会現象を題材にボケの要素を見つけ出したり、それにツッコミを入れたりして笑いにつなげるというスタイルをとることが多い。実際、欧米のコメディアンの多くはそのかたちをとり、内容はパックンのいう「政治、宗教、人種、下ネタ」が主流とされる。こうした題材にはタブーや不自然なことが多く、笑いにつながりやすい。つまり一人で演じても十分笑いとして成立するのである。(5)

ところが日本ではこうした〝安易な〟ネタは、少なくともテレビでは使えない。そこで、芸人は一般には自然と思えるような現象から、不自然さを抽出してこなければならない。あるいは、社会現象にツッコミを入れたとしても、それをボケとみなしてさらにそこにツッコむというように風刺それ自体を不自然なこととしてチャラにする必要がある。(6) これはきわめて高度な技術を要するものであり、これをすべてピンで行うのは至難の業といえるだろう。

オーストラリア出身の漫才師、チャド・マーレン（２０１７）はパックンとほぼ同様の理由から「日本のお笑いが社会派じゃないからといって、〝オワコン〟とはいえない」と述べている。(7) つまり、海外から見ると、日本のお笑いは独自の環境のもとで特異な進化を遂げたということになりそうだ。

Q37 〝一発屋芸人〟とは何か

ヨーロッパ貴族の格好をしてワイングラスを片手に漫才風コントを披露する「髭男爵」というお笑いコンビがある。ひぐち君のボケに山田ルイ53世がツッコミを入れるさいに、二人でグラスを合わせてなぜか「ルネッサーンス」と発声しながら〝乾杯〟のポーズをとることでネタが進んでいくというスタイルである。２００８年頃からこのネタで大ブレイクし、その年の『紅白歌合戦』にも出演するなど〝引っ張りだこ〟状態となったが、その後ブームが去るとともにテレビの仕事も激減した。現在では二人で漫才の営業を続けつつも、ひぐち君はソムリエを目指してワインの勉強を始め、山田ルイ53世は自身の引きこもり経験を綴った本がヒットするなど、作家としての活躍の場を広げつつある。

この髭男爵のように、一時テレビで見ない日はないほどの活躍を見せるものの、しばらくするとパッタリ姿を見せなくなり、忘れられていく芸人のことを〝一発屋芸人〟と呼ぶ。こうした芸人は毎年のように何組か登場しており、２０１５年には吉本興業主催による『第１回一発屋オールスターズ選抜総選挙』も実施され、ノミネートされた24組のなかから髭男爵が初代王者に選ばれている。こうなると〝一発屋〟という名称はもはや芸人の肩書きになっているともいえる。

なぜこうした〝一発屋〟が後を絶たないのだろう。その原因は、芸人の笑いの特徴とそれを商品化するメディアの双方にあると思われる。一発屋芸人の最大の特徴は、服装とネタの奇抜さである。たとえば、『総選挙』の24組を見ると、海パン一枚で踊る小島よしお、黒革のコスプレで激しく腰を振るレイザーラモンＨＧ、下ネタ詩吟の天津木村、着物でベースギターを弾く波田陽区、赤と青のジャージ姿で歌って踊るテツａｎｄトモ、半裸で餅つきをするクールポコ、真っ黄色なスーツのダンディ坂野、タンクトップでリズムネタを披露する藤崎マーケット、双子ネタのザ・たっちなど、見た目の印象とネタの特異性がきわめて強い。つまり、その不自然さが気持ち悪さと紙一重ながら、もしウケたとしたら爆発しそうな潜在力を持っているのである。

他方、お笑い芸人を扱い馴れているメディアサイドにしてみれば、こうした奇抜な芸人は一時は大ブレイクしたとしても、いずれはその不自然さが客の鼻につくようになり、気持ち悪さに移行するリスクがあることもわかっている。だとすれば、客や視聴者が笑いとしてチャラにしてくれているうちに、徹底的にテレビ番組や営業に出演させて稼ごうとするはずである。つまり、彼らの限られた芸を短期間で使い切るという手法をとるのである。

実際、これらの芸人のうち、テツａｎｄトモ、波田陽区、レイザーラモンＨＧ、小島よしおのネタは、それぞれ２００３年、０４年、０５年、０７年の「新語・流行語大賞」で年間大賞またはトップテンに選出されている。つまり「流行語」として選ばれた時点で、そのうちに〝流行らなくなる〟宿命にあるともいえるのだ。

それではなぜ芸人たちは一発屋となるリスクがありながら、メディアの戦略に乗っかるのだろうか。ひとつは、長期的に損になっても目先の利益にとらわれてしまう、行動経済学でいうところの〝近視眼的行動〟のなせる業と解釈できる。つまり、現在ウケているネタが将来通用しなくなることがわかっていても、あえて現時点で仕事を減らして新しいネタづくりに時間を費やすことを避けるのだ。一発屋芸人には下積み生活が長い人もおり、急に売れたことでうれしくなる気持も理解できる。また、服装など見た目の奇抜さがネタの一部になっていることから、それを別のスタイルに置き換えるのもリスクが高いだろう。さらに、そのワンパターンなネタには、それを磨き上げて〝芸〟に昇華させるほどの奥深さもない(8)。

売れたいと思う芸人は何とかして他者との差別化を図って独自の笑いの世界をつくろうと努力する。そうした傾向が続く限り、一発屋芸人がなくなることはないだろう。

表5-1　主なお笑いコンテスト

	対象	主催	開始時	出場資格	賞金
M-1グランプリ	漫才	吉本興業	2001年	結成15年以内	1000万円
R-1ぐらんぷり	ピン芸人	吉本興業	2002年	1人芸であること	500万円
キングオブコント	コント	TBSテレビ	2008年	2人以上のグループ	1000万円

（Q㊳ お笑いコンテストは何のためにあるのか？）

お笑いの種別ごとに芸人にネタを競わせ、点数をつけて評価するコンテストは年に数回開かれている。漫才では「M－1グランプリ」、コントでは「キングオブコント」、そしてピン芸人では「R－1ぐらんぷり」が有名である。それぞれの特徴は表5－1のようになっている。

このうちM1のみグループ結成15年以内という年数の制約がかかっている点で特徴がある。スタート時は10年未満だったが第3回から10年以下になり、第11回より15年以内と徐々に緩和されてきた。ただ、10年から15年への延長は、M－1が2011年から2014年まで中断されており、その間に出場のチャンスを失っていた芸人への救済措置と考えられる。

こうしたコンテスト開催のきっかけともなったM－1グランプリは、当時吉本興業の芸人だった島田紳助と同社プロデューサーの発案だとされる。その頃の漫才界は、1980年代はじめのブームが去ったのち、90年代に入ってテレビ番組から漫才が消え始め、漫才師を目指す若者の数も減りつつあるという状況だった。また、漫才ブームがきっかけでお笑いの市場規模が拡大したことにより、結果として質の低い芸人までもが売れるようになっていた。

これはQ28で述べた落語と似た状況なのだが、落語が研究会を創設して〝正しい〟方向へ導こうとしたのに対し、お笑いは別の道を選択する。それは競争による自然淘汰である。当時、朝日放送プロデューサーでＭ１の制作にもかかわった吉村誠は、著書のなかで「伸助が『Ｍ－１』を考えるようになった理由は、お笑い芸人たちの『ことば』が弱くなってきたからである。強い『ことば』を築くためには『闘いの場』を設定しなければならない、闘うことでしか人は強くなれない、芸人は倒す相手を見つけなければ強くなれない、と考えて『Ｍ－１グランプリ』を企画提案したのである(9)」と述べている。そして賞金も、コンテストとしては破格の１０００万円が提示された。

つまりＭ－１の当初の目的は競争を通じて新入の漫才師を鍛えることであり、そのため年数制限を設けたのである(10)。その後につくられたＲ－１ぐらんぷりとキングオブコントは、Ｍ－１ほどの〝理念〟があったのかどうかは不明確だが、コンテストである以上、競争原理の導入という点では同じである。

ただ、こうした競争がうまく機能するためには次の二つの条件が満たされていなければならない。

●競っていることの同質性

●勝敗の判定基準の明確性

ビジネスの世界では、同質性の高い財・サービスほど競争が厳しくなる。たとえば、牛丼はご飯の上に甘辛く煮た牛肉を乗せるという商品であり、差別化の余地が少ない。そのため、厳しいコストカット競争に陥らざるを得なくなる。一方、ラーメンはスープ、麺、チャーシューなど多様性があり、差別化できる商品である。そのため、他店と差別化することで深刻な価格競争を回避することができる。そして、勝敗は〝利益〟という具体的な数字として明確化される。

その点、お笑いという商品には多様性がある。Q1で示した笑いに至るまでの四段階を前提とするならば、お笑い芸人の技は各ステップを効率よくクリアし、大きな笑いにつなげることである。そのどの部分に工夫を凝らしているかは各人によって異なるだろう。むしろ、同じネタを同じようにやっていたのでは、見る側が飽きてしまい、笑いにつながらないため、いかにして他の芸人とのちがいを見せつけるかという点で競っているともいえるのだ。理屈っぽいしゃべりが売り物の〝かまいたち〟と大きなアクションをネタとする〝トム・ブラウン〟の漫才に点数をつけるということは、ペペロンチーノとカルボナーラのどちらが美味しいか判定するようなものだろう。それが課題曲を与えて競わせる合唱コンクールと大きく異なる点といえる。

さらに、結成から15年が経っているということは、落語家でいえば真打に昇進していてもおかしくない芸歴があることを意味するから、漫才師としてかなり成熟の域に達しているはずである。つまり、そうした芸人たちの漫才の技は優劣がつけがたく、あえて判定するならば〝どっちのほうが好きか〟というところに行き着くしかない。しかも、好き嫌いには明確な基準のつけようがない。実際、２０１８年のＭ－１グランプリでは、判定に不満を抱いた芸人らが、プライベートな飲み会で審査員を侮辱する発言をネットで公開し、物議を醸したのは記憶に新しいところだ。

Ｍ－１などのコンテストで優勝すれば、それが勲章となってテレビやイベントへの出演の機会も増えるだろう。タイトル獲得を目指して芸人たちが競うのは当たり前だし、それを見て面白がる視聴者がいればコンテンツとしても成立するだろう。しかし、笑いという特殊な商品に競争原理を持ち込むことにはリスクもある。技のうえではかなりのレベルに達している笑いに、競争原理はなじまないからだ。

要するに、お笑いのコンテストはこうした矛盾のうえに成り立つビジネスなのだ。現在のシステムでは判定基準が好きか嫌いかになってしまい、優勝できなかった芸人たちに不満が残る。かといって、新人たちが競争を通じて切磋琢磨する場という原点に戻り、結成3年程度に出場条件を厳しくすれば、出場する芸人の質が落ち視聴率は下がってしまう。それならば判定基準を明確化するため、共通テーマを設定するなど同質性を高めようとすると、同じようなネタを聞かされる視聴者は飽きてしまう。

改善点があるとするならば、優勝者を一組だけ決める現行のやり方から、オリンピックのように1位から3位までに〝金銀銅〟のメダリストの称号を与えて表彰するかたちにしてはどうだろうか。そうすれば、優勝できなくても20○○年○○グランプリ銀メダリストなどと紹介されるので、肩書きとして使えるようになるだろう。

【第5章注】

（注1）　数は少ないものの、三人以上で構成されるトリオ漫才もある。たとえばかしまし娘、レッツゴー三匹、ダチョウ倶楽部などが挙げられる。

（注２）　ラリー遠田（２０１８）は、「ツッコミとは、ボケをいち早く察知して拾っていく能動的な芸であると同時に、自分の身に降りかかってくるさまざまな状況に即座に対応する受動的な芸でもあるのだ。だからこそ、他のタレントや共演者との調和が求められるテレビの世界では、ツッコミ担当の芸人が重宝されることになるのだ」と述べ、ツッコミ役芸人の能力を高く評価している。また、邵（２０１８）は漫才やコントに代表されるお笑いとわれわれの身の回りにある笑いを対象として、ツッコミの類型化を行っている。そのうえで、「ツッコミを定義するならば、『ボケの存在や、隠れたおかしみの存在を気づかせる』行為」だと指摘している。

（注３）　Ｑ31で述べたように、ワンパターン型の笑いは安心感を与えるが、そのためには芸人に対する、より強い親しみの感情が必要とされる。サンドウィッチマンへの好感度の高さは、客に彼らの笑いを〝芸〟として評価させることに貢献していると思われる。

（注４）　ブロードウェイ・ミュージカルの『ブック・オブ・モルモン』はモルモン教徒をからかう内容で、異教徒の私でもなかなか笑いとしてチャラにしづらいと感じた。しかし、劇場は満席で、なかにはみなで腹を抱えて笑っている家族連れもいて驚いた経験がある。

（注５）　大阪大学のＧ・ヴォーゲは、欧米のお笑いでスタンドアップコメディが一般的であることの背景として、ボケだけで笑える文化があるからだと指摘している。すなわち、日本の漫才のようなツッコミを入れると、「ジョークやおかしみの解釈は宙に浮かせるのが一般的であり、むしろツッコミのような指摘を行えば『ジョークを殺す』ことになり、せっかく盛り上げられている場の雰囲気を壊すことになる」ということのようである。一方、日本でツッコミが必要な理由は、観客にとってボケが示す不自然さの認識を自らに任せられるよりも、ツッコミに指摘してもらったほうが安心して笑えるということもあるだろう。詳しくは、ヴォーゲ（２０１６）を参照。

（注６）　爆笑問題が社会現象をネタにするとき、この手法をとることが多い。

（注7）かつて脳科学者の茂木健一郎は、自身のツイッターで「日本のお笑い芸人たちは、上下関係や空気を読んだ笑いに終始し、権力者に批評の目を向けた笑いは皆無。後者が支配する地上波テレビはオワコン」とつぶやき、それがお笑い芸人らの反発を買ったことがあった。〝オワコン〟とは、終わったコンテンツという意味で、時代遅れの中身という意味で使われる。

（注8）古坂大魔王というお笑い芸人は、2016年、「ピコ太郎」というパイソン柄の服とヒョウ柄のストールとサングラスという出で立ちのキャラクターに扮し、〝ペンパイナッポーアッポーペン〟という歌とダンスをヒットさせ大ブレイクした。YouTubeにアップされた動画は世界中から注目され、5000万回を超える再生回数に達したともいわれる。しかし、古坂自身は芸人としてメディアに出るときは、「ピコ太郎」とは一線を画したまともな服装をしている。これは〝一発屋芸人〟にならないための工夫ともいえる。

（注9）吉村（2017）167ページ。

（注10）お笑い業界の人の話では、若手芸人がこうしたコンテストに参加するメリットとして、「上には上がいる」ことをわからせるとともに、伸びしろのない芸人たちに他の道に進む踏ん切りをつけさせることが挙げられるという。芸人たちは日頃から自分たちのお笑いが一番面白いはずだと確信しながらネタづくりをしているため、マジで競争をしないと本当の実力が自覚できないとのことである。

第6章　笑いのビジネス：その他

Q39 物まねはいつから笑いになったのか？

〝物まね〟は他人のまねをする行為である。顔や姿形が単に似ているのは、本人の努力というよりも単なる偶然のなせるわざである。したがって、当初、芸人による見世物としての物まねは声帯模写に限られてきた。昭和中期頃活躍したのは、芸能人や政治家の声まねをする片岡鶴八や桜井長一郎、動物の鳴き声をまねる江戸家猫八などであった。

その後、テレビの普及に伴い、歌手による歌まねが流行し始める。その代表ともいえる番組が1967年から約10年にわたって放送された『象印スターものまね大合戦』で、三田明、美川憲一、森昌子といった実力派歌手がそれぞれ橋幸夫、ピーター、都はるみの歌まねをするといった内容で、最盛期は30％を超える視聴率を誇ったとされる。

声帯模写のなかでも政治家の声まねは笑いにつながりやすい。これは学校の生徒たちが教師の話し方をまねしたり、会社の飲み会で部下が上司の声まねをして笑いをとるのと同じ構図である。つまり、上位にある人たちを自分たちと同じ地位まで引きずり下ろすことで不自然さをつくり出し、それを笑いにもっていくという手法である。

一方、動物の鳴き声をまねたり、歌手が同僚や先輩の歌まねをする場合は、本物そっくりに聞かせるという〝芸〟を見せているのであって、それへの反応は不自然さとしてチャラにするのではなく、その見事さを称賛するという方向にいくはずだ。実際、前出の『ものまね大合戦』は娯楽番組ではあるが、お笑いの範疇には属さない。

こうした棲み分けにメスを入れ、歌まねとお笑いを融合させた人物がいる。それはモノマネ界の巨人、コロッケである。彼が注目されるようになったのは、歌手の物まねでありながら、声は本物を使い、自身は形態模写のみを見せるという画期的な手法をとったことである。のちに声帯模写の技術も身につけたが、現在でもコロッケのパフォーマンスで注目されるのはどちらかといえば形態のほうである。

注目すべきは彼が物まねの対象として選んだのは、ちあきなおみ、北島三郎、千昌夫、五木ひろし、美川憲一、岩崎宏美、野口五郎といった歌謡界の大物であり、その顔や表情、しぐさなどをデフォルメして特徴を誇張し、不自然さに変換して観客を笑わせた。

このコロッケの手法は物まね界に革命をもたらした。なぜなら、これまで声を似せる技にすぎなかった〝歌まね〟が、歌手の外見の特徴をつかんで不自然さをつくり出すという〝お笑い〟に変化したからである。このとき物まねはモノマネになった。現在では、大がかりなモノマネ番組が年に数回制作されるほどの市場規模になっている。

前述のように、物まねには上位の人間を庶民レベルまで引きずり下ろすことで不自然さをつくるという要素があるため、まねされる側に不快感を与えることもある。それは「自分の崇高な芸を貶《おとし》めるな」ということだ。しかし、観客がコロッケの物まねを見て笑うのは、別に大物歌手の地位が落とされたことによる痛快感からではなく、バカバカしいまでに誇張された歌手の特徴を見せつけられ、心を解放するしかないほどの不自然さからくるものである。つまり歌手の本分である歌そのものを笑いの対象とはしていないのだ。ときに、声の特徴をつかんでまねることもあるが、そのときも下手に歌って価値を低下させるというよりも、発声の癖や息接ぎの特徴などを派手に表現するので、芸を貶めている印象を与えない。

そのため、先に名前を挙げた歌手たちがコロッケに不快感を示すことはほとんどない。むしろ、彼の出演する番組に〝ご本人登場〟と称して共演するほどである。北島三郎などは、演歌歌手にとって最高の舞台ともいえる『NHK紅白歌合戦』において、自身のステージにコロッケを招いている。また、1984年に大麻取締法違反で逮捕されて以来、表舞台から遠ざかっていた美川憲一は、コロッケのモノマネのおかげで世間の注目が集まり、芸能界への復活を果たすことができた。コロッケが美川の特徴を不自然に誇張して笑いに変えたことで、世間は彼の過去の不祥事もセットにしてキャラにしたといえるのかもしれない。

Q40 モノマネの笑いの効用とは?

2011年3月11日の東日本大震災は死者・行方不明者1万8千人以上、全・半壊の建造物40万超という甚大な被害をもたらした。この震災の後しばらくは、被災者への配慮から各種イベントの中止、テレビ番組の放送休止や差し替え、テレビコマーシャルの自粛などがなされた。特に影響を受けたのがお笑い系のバラエティ番組で、「多くの人が苦しんでいるさなかに笑うとは何ごとか!」という批判を避けるための措置であった。

しかし、私の記憶が正しければ、そうしたなかで真っ先に復活したのがモノマネ番組だったように思う。通常のボケとツッコミからなるお笑いは、非常時にもかかわらず可笑しなことを言い合ってふざけている印象を与えかねない。特に、しゃべくり漫才は世の中の不自然さにツッコミを入れるスタイルをとりがちなため、しゃべったことが大震災という未曾有の〝不自然さ〟のことを指しているととられるリスクもある。

その点、モノマネは安心だ。なぜなら、笑いの対象が特定されているからである。モノマネ番組を見て不快に思う人がいるとすれば、それはマネをされて自分の価値が落とされたと思っている人物だけである。また、Q39で述べたように、近年のモノマネは歌手の形態を誇張して笑いをとるケースが多いため、歌手の本分である声そのものの品位を貶めているわけではない。つまり、モノマネによる笑いには毒がほとんどないのである。

モノマネのもうひとつの特徴は、見ている側を疲れさせないという点だ。笑いは不自然さの認知から清算に至るまでの一連の脳の働きの結果であり、短時間でその繰り返しを要求するお笑いは脳に負荷をかける。その点、コロッケに代表される形態模写重視のモノマネは、不自然さが一目瞭然で、演者への親しみがあり、自分がマネされていないので非当事者性も満たされているうえに、特徴があり得ないほと誇張されていて容易に清算できる。つまり、見た途端に笑いに結びつくのである。

疲れたときや何かに思い悩んでいるとき、手っ取り早く笑いたければモノマネ番組を見るに限るといえそうだ。

Q㊶ マジックを観たとき笑うのはなぜ?

マジックは奇術ともいわれ、客の目をごまかすのが目的である。見えるはずの物が見えなくなったり、あるはずの物が消えたりするので、スタンダードからの乖離という意味で不自然さは豊富にある。

マジックショーの客の反応を見ていると、笑って拍手している人と首をかしげている人の二通りあることがわかる。前者は、笑いによって不自然さから心を解放し、マジシャンの技を称賛している。後者は、マジックには必ずタネがあるはずなので、その理由を一生懸命考えている。だが、プロは簡単にタネがわかるようなマジックをしないから、考えるだけ時間の無駄で、早く笑ってシステム2の働きから脳を解放したほうが身のためだ。

このようにマジシャンはマジックという不自然さを通じて笑いに導くのが主流だが、なかにはそれ以外の要素を入れて積極的に笑いを取りに行く人たちもいる。その代表格がマギー司郎と呼ばれる芸人である。彼はもともと正統派のマジシャンだったが、独特の茨城弁混じりのトークが客にウケるようになってからはお笑いに転向し、日本テレビ『お笑いスター誕生！！』で7週連続勝ち抜きという離れ業をやってのける。現在は、多数の弟子を抱えるマギー一門の長として君臨する。

マギー司郎の笑いは、客が期待するマジックの技を茶化してボケるという手法をとる。たとえば、縦縞のハンカチを見せておいて、それを丸めて広げると横縞に変わったという。コップに入ったコシヒカリを振ってササニシキに変える。客は「そんなのは90度回転させただけだろ」とか「ほんとに変わったかどうかわかんねぇだろ」とツッコミを入れつつ、そのあまりのバカバカしさに笑うのである。

しかし、マギー司郎は〝おふざけ〟ネタを連発しながらも、最後には正統派のマジックを見せる。彼がこうしたスタイルをとる真意は、高度なマジックも所詮は客の目をごまかすという不自然さを伝える〝ボケ〟なのだということを伝えようとしているように思う。

Q42 〝リアクション芸人〟とは何か？

アツアツのおでんを食べさせられて「熱っ！」、激辛スープを飲んで「辛っ！」、シュールストレミングを食べて「臭っ！」などと反応し、それによって笑いをとる人たちをリアクション芸人（以下、リ芸人）と呼ぶ。「熱い」「辛い」「臭い」という形容詞は通常不快感を表すので、誰もがそうした経験は避けたいと考えている。だとすれば、それをやらされている姿は本当はあまり見たくないはずだ。にもかかわらず、なぜリ芸人という人たちが存在するのだろうか。

リ芸人の特技は、外部からの刺激に対して、見ている側に不快感を与えないようなリアクションをすることだ。Q１の笑いの「四段階説」に照らせば、親しみのある表情（第２ステップ）で、視聴者に同情されない（第３ステップ）ように、派手に反応する（第４ステップ）必要がある。

リ芸人の第一人者の出川哲朗は、毎年女性が選ぶ〝抱かれたくない有名人〟上位にランクインすることで知られている。これは、視聴者が彼のリアクションに対して非当事者性を持ちやすくなる原因のひとつといえる。なぜなら、もし〝抱かれたい〟と思うような人が痛い目に遭っていたら、感情移入してしまい、笑いにはつながらないからだ。しかし、出川は〝嫌いな芸能人〟にはランクインしていない。この点が重要だ。抱かれたくはないが嫌いではないので、笑いの第２と第３ステップがクリアできるのである。

リ芸人が登場するテレビ番組としては、かつて日本テレビ『スーパージョッキー』で、ビートたけしの弟子たちが熱湯風呂に入ったり、からだを張ったゲームに挑戦したりして笑いをとっていたことがあった。現在でも、正月に放送されるテレビ朝日『芸能人格付けチェック』にはお笑い芸人一組を決めるための予選会があり、罰ゲームでの芸人たちのリアクションが笑いの対象となっている。

女性にもリ芸人はいるだろうか。そもそも痛がっている女性を見るのはあまり気持ちのよいものではない。したがって、第3ステップの非当事者性と第4ステップの心の解放をクリアするのは難しい。そんななか、日本テレビ『世界の果てまでイッテQ！』は、女性芸人にリアクション芸をさせる数少ない番組として知られる。

同番組にレギュラー出演しているイモトアヤコという女性芸人は、世界各地の珍獣の生態を紹介する「珍獣ハンター」というコーナーに出演し、猛獣のトラと徒競走させられたり、ヘビの入った箱の中に顔を入れさせられたりしている。実は彼女は高校時代に学園祭のミスコンでグランプリを獲得した経験もあるのだが、眉毛を太く描きセーラー服を着ることで〝田舎の女子高生〟というキャラをつくったうえで出演している。こうすることで、親しみと非当事者性を演出しているのである。

リ芸人はその道のプロなので問題はないのだが、一般のお笑い芸人のなかにはリアクションが稚拙なため視聴者の感情移入を招き、結果として不快感を与えてしまうケースもある。〝演技〟としてのリアクションに対して、「芸人を痛めつけて笑いをとるのはいかがなものか」という視聴者からの〝マジ〟なリアクションが放送局に寄せられるのである。そうした苦情が増えたためか、2019年の『芸能人格付けチェック』では罰ゲームの内容もかなりマイルドになってきたように思える。Q34の〝どつき漫才〟と同じような現象がここでも起きているといえる。

Q43 なぜオバサンたちは綾小路きみまろが好きなのか？

「あれから40年！」で有名な綾小路きみまろは、オバサンたちから絶大な支持を得ている。普通の人間ならば、あれだけボロクソに言われれば怒り出してもおかしくない。しかし、会場のオバサンたちは、怒るどころか腹を抱えて大笑いしているのである。なぜこのような奇妙な現象が見られるのだろうか。

彼の漫談を以下に引用する。

今日はよくいらっしゃいました。たくさんあるお洋服のなかから一番いいものを選んできて、（客席を指さしながら）あんな感じ。前の方なんかナフタリンの匂いがいたします。若い頃は旦那の顔を見るたびに心がときめいたものです。あれから40年！　今は顔を見るたび不整脈です。旦那と別れたいと思っても下取りのきかないそのからだ！　うるんだ瞳に輝く目やに！　バスト、ウェスト、ヒップは行方不明！　「白髪の生えるまで一緒に生きていこうね」と約束した旦那はツルツルに禿げ、どこにシャンプーを付けていいのか、どこまで顔を洗ったらいいのかわからない。

見ず知らずのオバサンに向かっていきなりこのようなことをしゃべったら、ハラスメントになることはほぼ間違いないくらいの罵詈雑言である。これが笑いになる理由はＱ１の四つのステップに照らしてみると理解できる。

まず、きみまろの漫談は40年前との比較から始まっている点に着目すべきである。40年前をスタンダートだとすれば、誰でも現状は不自然になっている。次に、きみまろ自身も中高年であり、カツラを使用していることを公言している。つまり聴衆にとって、自分らと同じ世代に属する〝仲間〟として親しみを感じやすい人物だ。ここまでクリアするのは比較的容易である。第３ステップの〝非当事者性〟は、オバサンの特徴に注目すれば理解できる。中島（２００

7）には、次のような記述がある[1]。

> 生理的な現象としての老化は避けようがない。だからといって更年期を迎えればすべての女性が自動的にオバサンになるわけでもない。そこで女性らしさを維持しようと頑張る人もいれば放棄する人もいる。どちらになるかは女性自身の選択の結果なのだ。本書ではオバサンを「女性であることを放棄した存在」と定義する。……「女性であることの放棄」とは、女性として異性を気にしなくなるということである。あるいは、自分が女性であることを意識しなくなるといってもよい。すなわちオバサンは女性らしさという呪縛から吹っ切れた自然のままに生きる存在なのである。（傍点筆者）

ここでいう〝吹っ切れた〟状態とは、自分のことを客観視できていることを意味する。したがって、非当事者性の条件は満たされていると考えられる。

第4ステップはきみまろの言ったことをチャラにできるかということだが、これにはQ5で紹介した群集心理が働いていると思われる。たった一人で面と向かって聞けば、いくら吹っ切れているとはいえ、「なぜこの人にこんなことを言われなければならないのか」考えてしまうし、それによって腹も立つだろうが、集団で聞けば〝チャラにできること〟という暗示がかかり、笑いにつながりやすくなる。

このように考えてみると、なぜきみまろがオバサンだけをターゲットにしているかも理解できる。女性がホルモン分泌の減少によって生理的に女性らしさの放棄を余儀なくされるのに対して、男性は70歳頃まで男性ホルモンが分泌され続ける。にもかかわらず加齢のせいで逞しさや若さは失われていく。つまり、オジサンとは性を捨てたくても捨てられない存在といえる。そのため、きみまろからオバサンと同じような侮辱的なことばを浴びせられると、吹っ切れていないオジサンは深く傷ついてしまうのだ。

Q44 笑い音声（ラーフ・トラック）の効果とは？（2）

アメリカでホームコメディ番組を見ていると、オチと思われる場面で「ハハハハハ」という笑い声が頻繁に入る。観客のいないスタジオ収録番組で後から挿入される「笑い音声（laugh track）」のことを「録音笑い（canned laughter）」という。また、サクラを雇って故意に笑わせているとすれば「似非《えせ》笑い（fake laughter）」ということになる。日本でも、日本テレビ『ドリフの大爆笑』やフジテレビ『オレたちひょうきん族』などで録音笑いが使用されていた。

そもそも録音笑いは、アメリカＣＢＳテレビの音声プロデューサーだったＣ・ダグラスが、当時ラジオで使われていた音声の事後挿入の手法をコメディ放送に取り入れて始まったとされる。その理由は、彼が観客の笑いに不満を持っていたからである。すなわち、笑ってはいけないところで笑い、笑うべきところで笑わず、ときに大きく笑いすぎ、長く笑いすぎるというわけだ。

ダグラスによる録音笑いの手法は瞬く間に全米に広がったが、同時にその是非をめぐる議論も巻き起こした。なぜなら「録音笑い」は視聴者の笑いを誘導しているからである。オスカー俳優のデヴィッド・ニーヴンは当時のインタビューで、「笑い音声は公智（public intelligence）への侮辱である」として自分のかかわるショーでは使わせないと答えている。また、1951年から約6年にわたって放送されたアメリカの人気ホームコメディ『アイ・ラブ・ルーシー』は、スタジオに観客を入れ、意図的に実際の笑い声を使用したことで知られる。

だが、テレビのコメディから録音笑いが消えることはなかった。なぜなら、観客を入れるには広いスタジオが必要となってコストがかさむうえに、撮り直しが難しく、俳優に負荷をかけるからだ。そのため議論のテーマは、コメディ番組に録音笑いを入れるか、笑い声なしで放送するかの選択へと移っていく。つまり、ニーヴンの「公智への侮辱」は正しいかどうかということだが、現時点ではまだ結論が出ていないようだ(3)。

群集心理の働きにより、劇場や寄席での笑いは実際よりも大きくなりがちだ。逆に言えば、家庭内でテレビを観ているときは、よほど面白いものでもない限り、声に出して笑うことはあまりない。その点、録音笑いは劇場の臨場感をもたらすので、家にいても笑いやすくなることはたしかである(4)。

ただ、録音笑いに〝わざとらしさ〟があることは否めない。そこに意識が引っ張られると、心の解放の阻害要因となってしまう。日本にはアメリカのような笑わせることが目的のホームコメディは少ないが、短編のコメディからなるＮＨＫ『ＬＩＦＥ～人生に捧げるコント～』は、通常のスタジオで収録がなされ、録音笑いのかわりに現場スタッフの笑い声を入れて放送している。バラエティ番組でもスタジオに観客を入れて収録することがほとんどだ。日本の放送業界では録音笑いの負の側面がより強く意識されているようである。

Q45 自虐ネタ芸人は大成しない？

ペピーノ・ガリアルディ『ガラスの部屋』の哀愁漂うメロディにのせて自らの暗い体験を熊

本弁で語って笑いをとるヒロシは、自虐ネタ芸人の第一人者である。(5)

「ヒロシです。彼女の携帯電話を覗いたら、オレの番号が取引先に分けられていたとです」
「ヒロシです。不動産屋が当たり前のように風呂なし物件を勧めてきます」
「ヒロシです。部屋のどこかでコオロギが鳴いているとです」
「ヒロシです。『いつからいたの?』って聞かれましたが、最初からいました」

このように、ヒロシのネタは、自らの置かれた状況を方言混じりに描写しているだけである。そこには〝悲しい〟とか〝つらい〟という感情はまったく入ってこない。この手法をとることによって、観客は遠く熊本から上京し、現在《いま》は惨めな状況にあるヒロシに親近感は抱くものの、本人が自分を客観的に描写しているため非当事者性が生まれ、笑いにつながりやすくなっている。

こうした自虐ネタでブレイクを果たしたヒロシだが、そこで大きな問題に直面する。彼のネタ元は、まだ売れていなかった頃の貧しい暮らしやつらい思い出を書きためたノートだった。世間から注目されないことや孤独感が彼の売り物だったにもかかわらず、ブレイクして知名度が上がり、マンションや高級車を購入できるようになると、ネタの内容と現実が食い違ってくる。

この矛盾に苦しんだヒロシはメディアから距離を置くようになり、次第に仕事もなくなり、テレビ画面から姿を消した。その後、精神科の治療も受け、メンタル面が安定してくると徐々に仕事も増え、現在では再び以前のような自虐ネタを披露するようになっている。ブレイク後に再度どん底を経験しているため、観客も違和感なく彼のネタを受け止め、笑っている。

このヒロシの経験からわかるように、自虐ネタ1本で笑いをとる漫談には限界がある。彼もそのあたりは理解していて、お笑い以外にも活動の場を広げつつある。

ヒロシほどではないにしても、自虐的要素をネタに含めることによって笑いをとる芸人は数多くいる。たとえば、トレンディエンジェルという芸人コンビは自身らの〝ハゲ〟を漫才のネタに織り込んでいるし、坂田利夫は〝アホの坂田〟のニックネームですっとぼけた芸風を売り物にしている。芸人ではないが、タレントのローラも、端麗な顔立ちに似合わないボケたやりとりが不自然さとなって笑いを誘う。

ハゲのように自分の外見をボケのネタにするのは本人が気にしなければ問題はないが、アホを売り物にする〝おバカキャラ〟は、かなり賢く〝おバカ〟を演じないと務まらないという矛盾を抱えている。また、若い頃は〝おバカ〟が似合っても、年を重ねるうちに無理が生じてくることもある。つまり、自虐ネタに徹するには相当な覚悟が必要ということである。

テレビ朝日『しくじり先生　俺みたいになるな‼』は、過去に大きな失敗をやらかした芸能人を講師に招き、自らのしくじり話を語るバラエティ番組である。失敗から教訓を得るというつくりにはなっているが、聞く側の生徒たちのなかに若林正恭や吉村崇などのお笑い芸人が含まれていることから、実際は講師がしくじりを自虐ネタとして披露し、生徒がツッコミを入れて笑いをとるというかたちをとっている。

その内容は、講師を務める芸能人と制作サイドが相当に時間をかけて台本をつくり上げたとみえて、笑いの四つのステップに則った、きわめて洗練された仕上がりになっている。すなわち、しくじりという不自然さをわかりやすく表現し、自らの至らなさを反省することで親しみを抱かせるが、すでにそこから吹っ切れている姿を見せて当事者性を排除し、さらにそれを明るく語ることで聞き手の心の解放を容易にしているのだ。

実際、ヒロシも同番組に講師として出演したことが、復活のきっかけのひとつともなっている。ただ、注意すべきは、この自虐ネタを用いた手法は1回しか使えないという点だ。何度も同じ失敗を繰り返すようでは本当の〝バカ〟になってしまうからである。

Q46 「お笑い米軍基地」を笑えるか？

日本各地にはそれぞれ固有の風習や方言があり、それが特色のある文化を育んできた。1950年代後半からの高度経済成長期における太平洋側の工業地帯の発展は、地方から〝金の卵〟と呼ばれる労働力を呼び込み、それによって都市圏という巨大なマーケットができあがった。新幹線が首都と日本各地を結ぶと、駅周辺の整備が進み、いわゆる地方色は急速に薄れていった。日本各地から集まった人によって形成された、独自の文化を持たない東京という巨大都市はこうしてできあがった。

笑いはスタンダードからの乖離を前提とするので、日本各地にその文化的背景に基づく独特の笑いが存在したとしても不思議ではない。大阪はその典型だろう。〝おもろない〟といわれるのが最大の侮辱とされ、〝オチのない話はするな〟と言われて育つ環境は、他人を笑わせることの〝市場価値〟を高め、それがオモロイ芸人を次々と輩出する土壌を形成してきたといえる。

そんな大阪出身の芸人たちも日本最大の消費地であり、情報発信基地でもある東京を常に意識している。たしかに、大阪はお笑い芸人としての技を磨くには適切な場所であり、なんばグランド花月には大阪の芸人たちを包み込む温かさがある。芸人にとっての居心地のよさは抜群といえるだろう。しかし、それはあくまで〝大阪の笑い〟なのであって〝全国区の笑い〟ではない。全国区の芸人になるには、東京で売れ、キー局のテレビに出なければならないのである。

前述のように、経済成長は日本全体を急速に〝東京化〟していった。地方は経済成長の分け前にありつくため、東京と結びつくことでその独自性を放棄したのだ。

だが、こうした流れから唯一取り残されたところがある。それは沖縄である。沖縄が日本に返還されたのは1972年5月のことだ。その翌年に第1次石油ショックがあり、日本の高度成長は終わりを告げた。つまり、沖縄は経済成長による〝東京化〟を免れた場所なのである。

実際、沖縄の歴史をひもとくと、日本本土との複雑な関係が見えてくる。1609年に薩摩藩の侵攻を受けその支配下に入ると、1879年には明治政府によって強制的に王政廃止と沖縄県設置がなされた。その間、改姓命令、一向宗禁制、ユタ弾圧など藩や政府による政策に翻弄され、1945年の沖縄戦では20万人もの死者を出してアメリカの占領下に入った(6)。

沖縄の〝ことば〟もその例外ではない。沖縄には伝統的にウチナーグチと呼ばれる独特の言語(沖縄語)があるが、日本政府の完全な支配下に置かれた明治以降、同化政策の一環として学校での〝標準日本語教育〟が徹底されるようになった。そのひとつとして導入されたのが方言札である。方言札とは、教師が方言を話した生徒の首に「わたしは方言をつかいました。あしたからつかいません」という札をかけ、次に方言を話す生徒が見つかるまでそれを外すことができないというもので、１９６０年代まで続けられていた。つまり、ウチナーグチを話すのは〝恥ずかしいこと〟という意識が当時の子どもたちのなかに植え付けられたのである。(7)

このように沖縄の文化は常に本土よりも〝格下〟の扱いを受け、それを捨てて本土に合わせることが奨励されてきた。そんななか、沖縄独自の〝笑い〟にこだわり続ける二つの団体がある。ひとつは〝喜劇界の女王〟仲田幸子率いる「劇団でいご座」であり、もうひとつは米軍基地をネタに笑いをとる「演芸集団ＦＥＣ」である。

「劇団でいご座」の最大の特徴は、完全なるウチナーグチで喜劇を上演するという点だ。その内容は、特に郷土色が強いというわけでもなく、吉本新喜劇などと同じような悲喜こもごものお笑い劇である。ただ、ウチナーグチを知らないとおおよその筋は追えても、面白いはずのところでまったく笑えない。私を案内してくれた40代の現地の方も半分くらいしかわからないと言っていたほどの徹底ぶりだ。周囲のお年寄りたちが腹を抱えて大笑いしているなかで、笑うふりをし続けるのはなんとも苦しく耐えがたい。

同劇団は那覇市内で「仲田幸子芸能館」も営業している。芸能館とはいうものの、その中身は伝統芸能を見せるスナックで、店内に入ると劇団のスタッフが隣に座り、一緒に酒を飲みながら話をしたり、カラオケを歌ったり、劇団員が演奏する沖縄民謡を聴いたりする。こちらは地元の人というよりも、本土から赴任してきたビジネスマンや観光客が対象の店という感じである。

沖縄でもウチナーグチを理解できる県民が少なくなっている状況で、頑《かたく》なに現地のことばでお笑いを発信し続ける仲田幸子の姿には、沖縄の文化を誇りに思う気持ちと、それを絶やしてはいけないという危機意識が強く感じられる。

他方、「演芸集団FEC」は小波津正光が企画・脚本・演出を手がける「お笑い米軍基地」という出し物で知られる。小波津がお笑いの世界に入ったきっかけは、1991年から93年まで地元で放送されていた『お笑いポーポー』という深夜番組だった(8)。そこに出演していたお笑い集団の「笑築過激団」は、沖縄方言を堂々と用い、沖縄の風俗をネタにしたコントを演じていた。沖縄の文化は隠すものだと考えていた小波津にとって、この番組は衝撃だった(9)。

その後、小波津は沖縄大学のサークルからスタートしたFEC（Free Enjoy Company）に入り、そこの中心メンバーとして活動するようになる。そんな彼に転機が訪れたのは、上京して5年後の2004年のことだった。沖縄国際大学に米軍ヘリが墜落した翌日の全国紙の一面がアテネ五輪開会式の聖火の写真だったのに対し、沖縄地元紙の一面が墜落したヘリから立ち上る炎の写真という対比に目を付けた小波津は、同じことでも本土と沖縄でこれほどまでに扱いがちがうという不自然さをネタに漫才を披露したのである。このときの客の反応がよかったことで、彼は沖縄にある米軍基地をネタにコントができないか考えるようになる。そこで思いついたのが「基地を笑え！」というアイデアだった。

島の面積の15％を占める米軍基地の問題は、沖縄県民にとって避けて通れないテーマである。だったらお笑いにしてしまおうと小波津は考えたのだ。基地があることは不自然だ。でもそれが本土の人たちにとってほとんど意識されていないのはもっと不自然だ。だったらそれをネタにコントをつくろうということである。たとえば、以下のような感じだ。

「沖縄の特産品を本土の皆様にもお届けするジャパネット沖縄の時間です。ハイ、今回皆様にご提供する商品はこちら。沖縄のアメリカ軍普天間基地で～す。これまでは日本にある米軍基地のほとんどを沖縄が独り占めしてきたので、今回特別に本土の方に分けてあげようと思いましてね～」

患者「先生！　私の病気は何なんですか？」

医者「実はですね、あなたの病気は……（バタバタバタというヘリの音）なんです。」
患者「は？　まったく聞こえなかったんですけど」
医者「ですから、あなたは……（バタバタバタ）という病気です」

ただ、『お笑い米軍基地』は地元沖縄での公演が中心で、本土で見るには録画媒体に頼るしかない。そのＤＶＤも自主規制音（いわゆる〝ピー音〟）があちこちに挿入されていて、そのまま流すと問題を起こしそうな部分が含まれているように見受けられる。

仲田の喜劇は、これまで恥ずべきものとされてきたウチナーグチに笑いを通じて光を当てたという点で意味がある。また、小波津の試みは、戦後生まれが大勢を占め、基地との同居が当たり前となりつつある県民に、基地を〝不自然なもの〟と意識させる効果があっただろう。ただ、Ｑ１で述べたように、笑いは不自然さを認識させるものの、それと真っ向から向き合うことは避ける。いったん、システム２の働きにより不自然だと認識したうえで、そのあと「まいっか」とチャラにするからである。笑いには問題に興味を持たせる効果はあるが、それを解決する力はないという点には留意しなければならない。

【第6章注】

（注１）中島（２００７）６〜９ページ。

（注２）本節はArmstrong（2016）に基づく。
（http://www.bbc.com/culture/story/20160926-where-does-canned-laughter-come-from-and-where-did-it-go）

（注３）Walker（2003）では録音笑いの肯定的な意見が示され、Travis（2002）では録音笑いを入れても入れなくても笑いに関係ないという研究成果が紹介されている。

（注４）心理学者のＲ・プロヴァインは、笑いには伝染性があり、録音笑いは会場の笑いを茶の間に持ち込む効果があると指摘している。プロヴァイン（２０００）１３７〜１４３ページを参照。

（注５）以下の内容について、詳しくはヒロシ（２０１９）を参照。

（注６）沖縄を統治下においた薩摩藩は、１６２４年「大和めきたる苗字の禁止令」を出し、日本風の苗字を名乗ることを禁じた。そのため、真栄田（元・前田）や仲宗根（元・中曽根）といった独特の苗字ができあがった。ところが、明治維新を経て日本本土に組み入れられると、今度は本土への同化政策により、読みにくい沖縄独特の姓名を本土風に改める「改姓改名運動」が広がった。

（注７）ウチナーグチは聾唖者が用いる〝日本手話〟に似ている。この日本手話は、聾唖者だけのコミュニケーションツールとして独自に進化してきた言語で、顔の表情の変化などを〝助詞〟として使うなど、日本語とは別の文法を持つ。テレビなどで見かける標準日本語を手の動きで表現した〝日本語対応手話〟とは別の言語である。比較的最近まで、日本の聾学校に通う生徒たちは、日本手話の使用が禁じられ、聴者の唇の動きを読む読唇術と声を出し

て意思を伝える口話法の習得が奨励されてきた。これは聴者への同化政策といえる。そして、手話は〝手まね猿まね〟と呼ばれ、劣ったツールとみなされてきたのである。手話が言語として認められたのは、2011年の障害者基本法改正のときであった。詳細は、森＝佐々木編（2016）、木村（2011）を参照。

（注8） 小波津正光（2009）参照。

（注9） 森田真也（2014）は「笑築過激団が活躍した背景として、1990年代のいわゆる『沖縄ブーム』がある。沖縄のポピュラーカルチャーが認知され、評価され、商品として流通していくこととなった。それと同時に、沖縄内部でも、自分たちのウチナー・ヤマトグチ（筆者注：沖縄語と標準日本語のハイブリッド型方言）は、崩れた方言ではなく、今の沖縄を肯定する存在となった」（66ページ）と記し、こうしたお笑いが広がった理由として沖縄の人びとが自分たちの文化を相対評価できるようになったためと解釈している。

第7章　笑いと健康

Q47　笑うと健康になるのか？

2006年3月25日、大阪府は、なんばグランド花月向かいのワッハ上方（現ワッハホール）において、医師や漫才師らをゲストに招き、「『笑いと健康』シンポジウム～大阪発笑いのススメ～」と題するイベントを開催した。それにあわせ、府の生活文化部は、『大阪発笑いのススメ　意外と知らない笑いの効用』という冊子を作成し、笑いという大阪の文化資源を健康に役立てようと府民に呼びかけた。

同冊子の内容はかなり本格的で、笑いによって膠原病と心筋梗塞を克服したことで有名なノーマン・カズンズのエピソードに始まり、これまでに実証されている笑いが健康に与えるさまざまなプラスの効果を紹介している。具体的には、笑うと免疫力がアップし、ストレスホルモンの分泌が低下し、血糖値の上昇が抑制され、アトピー性皮膚炎などのアレルギー反応の症状が改善され、脳を活性化させ、新陳代謝を促すといういいことずくめで、まさに「笑いは身体の万能薬」（酒井國男医師）ということのようだ[1]。

こうしたエビデンスを得るための分析手法は一般に次の二通りがある。

① 患者をランダムに二つのグループに分け、ひとつのグループにはお笑い番組や落語などを見せ、もうひとつには何も見せないかニュートラルなニュース映像を見せた後、血液検査をして両グループの結果を比較する

② ランダムにサンプルを選び、笑いに接する頻度やライフスタイルについての調査項目への回答と、健康状態を示す数値の申告をしてもらったうえで、両者の相関を調べる

そして、お笑いを鑑賞したグループの患者や日頃からよく笑う人に健康上のいい数値が出たことをもって、「笑いは健康にとってプラス」と結論づけている。

笑いが健康にとってプラスの効果を持つこと自体を否定するつもりはないが、この結果から「笑いを医療現場に積極的に取り入れるべきだ」とか「日頃からもっと笑いましょう」などといったインプリケーションを導くことには違和感を禁じ得ない。なぜなら、笑いの効能は、薬

を飲んで病気に効くといった単純な因果関係では計れない要素を含んでいると思われるからである。

Q1で述べたように、笑いに至るプロセスはきわめて複雑である。すなわち、スタンダードから乖離した不自然さの認知に始まり、それをもたらした主体への親しみの感情を抱き、不自然さそのものへの非当事者性を持ったうえで、そこから心の解放ができて笑いに到達できる。言い換えれば、脳内でシステム1とシステム2のやりとりが健全になされてはじめて笑えるのである。これはとりもなおさず、精神的には健康状態が良好ということなのだ。

ということは、こうした実験で免疫力アップという結果が出た人は、生活上のさまざまな場面で笑いを活用できている人ということになる。ことさら漫才や落語を聞かせなくても、日常的な会話などで笑いにつながるコミュニケーションがとれていれば十分といえるのではないだろうか。むしろ注意を向けるべきは、お笑いを見ても笑えなかった人たちのほうだろう。

②の分析手法にはより深刻な問題がある。なぜなら、横断面データで相関をとっているだけなので、日頃から笑っているから健康なのか、健康状態が良好だから笑えているのかの識別ができないからだ。つまり因果関係を証明したことになっていないのである。[2]もし、因果関係を厳密に調べたいのであれば、特定の人間を追跡調査したうえで、笑いにつながる外的な刺激が

あったときに、その人の健康状態が向上したかどうかを検証しなければならない。

実際、これに近い大がかりな研究は、すでにアメリカでなされている。フリードマン＝マーチン（2012）は、約1500人のアメリカ人を対象とした80年間の追跡調査データを元に、子ども時代の性格と寿命の関係性についての分析を行った。その結果、教師や親から楽天的でユーモアのセンスがあると評価された子どもは、そうでない子どもに比べて寿命が短いという驚くべき結果が出たのである。

フリードマンらはその理由として、陽気で社交家タイプの子どもは健康状態は良好ながらも、大人になってからアルコールの摂取量や喫煙量が平均よりも多く、危険を予測して注意せず、危険を顧みなかったり、深刻な症状を見逃したりしてしまうからではないかと推測している。

いずれにせよ、私たちが生きていくうえで、笑いは外生的に与えられる要因ではない。人間はさまざまな条件が整ってはじめて笑えるわけだし、その条件をすべて自身でコントロールできるわけでもない。他の事情を完全に一定にできれば笑いが健康によいのは明らかだとしても、そのような状態に私たちが置かれることはまれであることに留意すべきなのである。

Q48 精神疾患の治療と笑いの関係性は？

笑いがストレスコーピング（ストレスへの上手な対処）に効果があることは、これまで多くの研究によって立証されている。R・マーティン（2011）は、「ユーモアはストレスのかかる状況の見方を変える手段を与える、すなわち視点を切り換えることで、脅威とはならない新たな観点から再評価することを可能にする」と述べている。

Q1に示した笑いの四段階説はこの結論と整合的である。つまり、そもそもストレスの原因は自分にとって不自然なことである。「見方を変える」とは、それをもたらしている主体に敵対するのではなく、親しみを持つことを意味する。そして「視点を切り換える」とは、ストレスのかかる状況を客観視することによって非当事者性を持つということだ。そして、最後に笑ってストレスから心を解放する（チャラにする）のである。

ストレスコーピングは、メンタルクリニックの現場における認知行動療法（CBT：cognitive behavioral therapy）のなかに組み込まれている。伊藤（2011）にはCBTの進め方について、次のような記述（一部略）がある。

①　ターゲットとする「困りごと」を決める
②　その「困りごと」についてアセスメントを行う
③　悪循環にかかわる認知と行動を同定し、目標を立てる
④　目標を達成するための技法（新たに身につけるべきコーピング）を選択する

伊藤（２０１１）によれば、たとえば上司のモラハラが原因でうつ状態になっているケースでは、アセスメントを通じて「ミスをする」→「上司に罵倒される」→「自分はダメだと落ち込む」→「怯《おび》えてまたミスをする」→「さらに怒鳴られる」→「職場そのものが恐怖の対象となる」→「眠れなくなる」→「ミスをする」→……という悪循環の存在を認識し、そこから抜け出すことを目標としてそのためのコーピングを習得するという流れになる。

伊藤の話では、このアセスメント・セッションはきわめて重要で、これだけで数カ月を要する患者もいるそうだ。なぜなら、こうした職場状況に長く置かれている人は、ミスする自分が悪いという考えに凝り固まり、自分のなかに別人格をつくること（いわゆる「解離」）によってこの問題を避けようとしてしまうからである。

②において自分の置かれている悪循環への理解が深まったところで、臨床心理士は上司のハ

ラスメント行為こそが問題の原因であり、ときおりミスをする患者のほうではないと伝える。さらにハラスメントに関する書籍を紹介し、自分と同じように困っている人がいることや、その原因が上司のほうにあることを認識させる。こうすることで、患者はときおりミスをして怒鳴られることがあっても以前ほど動揺しなくなり、上司がキレるたびにハラスメントの本に書かれていた内容と照らし合わせるようになったという。このことを伊藤は「上司の行動が『ネタ』になった」と述べている。

この一連の流れは、Q１で述べた笑いの四つのステップときわめて似ていることがわかる。まず、アセスメントならびに認知と行動の同定のプロセスにおいて、「困りごと」の内容を論理的に把握し、それが患者にとって〝仕方のないこと〟ではなく、〝不自然なこと〟だと認識させる。そして、その不自然さは自分のミスのせいではなく、上司の〝ハラスメント〟によってもたらされたことを理解させ、自己肯定感を持ってもらう。

これは自分に対する親しみの感情を意味する。そのうえで、〝ハラスメント〟について書かれた本を読み、自分だけがこうした悩みを持っているわけではないことを知らせ、「困りごと」に対する非当事者性を持たせる。そして、最後の心の解放では、上司の言動がテキスト通りの〝間抜けな〟こと、すなわち伊藤のいう「ネタ」だと解釈させる。これは〝笑い〟とほぼ同等の意味だろう。

この事例を紹介するにあたり、伊藤は

職場などで不幸にしてモラルハラスメントが起きた場合、カウンセリングの場に現れるのはほぼ100%被害者のほうです。本来であれば、変わらなければならないのは加害者であるはずなのですが、私のような外部のカウンセラーにできるのは、被害者が『自分は悪くない。自分は被害者なのだ』と正しく認識できるように手助けをすること、ハラスメントによるストレス反応に対してうまく対処できるよう援助すること、といった、ごくごく限られたことだけです。

と述べている。

つまり、心理療法の目指すところは、ハラスメント自体を止めさせることではなく、診療を通じて被害者の心の持ちようを変えさせることなのである。これはQ10で述べた「風刺による笑い」と同じ意味を持つだろう。風刺の目的は権力に立ち向かいそれを覆すことではなく、それを笑いの対象とすることで心を解放することである。

そのなかで伊藤のような臨床心理士の役割は何だろうか。精神疾患の患者は、自分の「困りごと」のどこが不自然なのか理解できていない。そこで、臨床心理士はスタンダードに照らして患者に気づかせる。さらに、それがチャラにしてもよいことなのだと伝える。これはまさに、漫才の〝ツッコミ〟そのものだろう。ボケの内容が込み入って難しいと、それを笑いにつなげるツッコミには高度な技が要求される。ＣＢＴとは上手にツッコミを入れ、患者の心を解放するための技なのだ。

ＣＢＴが笑いの４ステップと類似性があると述べたが、実際の心理療法の場に笑いそのものを持ち込むことの是非については議論がある。「ユーモアと精神的健康」に関する研究のサーベイを行ったＲ・マーティン（２０１１）は、「少なくとも短期的にはユーモアはポジティブな浮き浮きした気分や感情的ウェルビーイングの感覚を高め、不安や抑うつ、そして怒りのようなネガティブな感情を低下させる」としながらも、「長期的な精神的健康に対して有用なメカニズムであるかどうかは、日々の生活において人がどのようにユーモアを利用するかによる」と述べ、「嫌みやからかいのような他者を犠牲にしたり過剰に自分自身を貶めたりすることにユーモアが利用されるならば、長期的には健全な機能を犠牲にしている」と結論づけている。ＣＢＴとの関連でいえば、治療のプロセスのなかで自然な笑いが生まれることに問題はないのだろうが、故意に笑いを生み出そうとすることには弊害があることも知っておくべきなのかもしれない。[3]

Q49 笑いは認知症予防に有効か？

「大阪精神医療センター」は、2017年9月から翌年3月まで、吉本興業と枚方市と連携し、笑いを活用した認知症予防プログラムを全14回にわたって実施した。その内容は、前半3カ月間の認知症に関する学習と後半4カ月間の運動ならびに脳機能トレーニングからなり、芸人の参加によって笑いが加味されるところに最大の特徴がある。3月のプログラムでは、記憶力・注意力・連想力などの認知機能を題材とした吉本新喜劇も披露され、観客が笑いながら脳トレできるよう工夫されている。発案者の同センター医師・岩田和彦によれば、笑いと組み合わせた運動や脳トレにより、多くの参加者に認知機能の改善がみられたとの結果も報告されている。

認知症の原因究明についてはいまだ研究途上だが、近年になって慢性的なストレスが物忘れや脳の萎縮と関係しているのではないかという研究成果が発表されたことを受け、ストレス軽減手段としての笑いの効能に注目が集まっている。[4]

笑いのストレス軽減効果については、Q47でも紹介したように、今後は結論の頑健性に関するさらなる検証が必要だろう。また、ストレスと脳の萎縮の関係についても、現段階ではストレスホルモンともいわれる〝コルチゾール〟の値が高い人ほど大脳の大きさが小さいという相関関係が示されただけであって、まだ両者の因果関係について解明されたとはいえないようだ。

一方、認知症の治療段階で笑いの効果があるかどうかについては、さらに微妙のようである。笑いは従来型治療の補完／代替手段（相補代替医療：complementary & alternative medicine）としての位置づけだが、大平哲也や武田雅俊らの研究では、笑いの健康改善効果は認めつつも、認知症はユーモアの理解度も低下させるため笑いの効果が薄れることに加え、使い方を間違えると患者の攻撃性を惹起する危険性もあることから、治療現場での笑いの導入にはTPOをわきまえるべきとの指摘がなされている[5]。

脳の認知機能がダメージを受ければ、通常なら笑いとして解放できるはずの不自然なことでも、その意味がわからなかったりマジに受け取ったりする可能性が出てくるのは当然だろう。システム1と2の頻繁なやりとりを要求する笑いが、脳機能の低下した人の治療にどう役立つのか解明が待たれる。

Q50 自閉症と笑いの関係は？

自閉症スペクトラム障害（Autism Spectrum Disorder：ＡＳＤ）は、対人コミュニケーションの難しさやこだわりの強さなどの特徴を持つ発達障害のひとつである。その症状は千差万別でどこから〝障害〟といえるのか区分が難しいことから、連続体（スペクトル）としてとらえるようになっている。自閉症児についても、かつては〝ちょっと変わった子〟という感じで見られることが多く、問題行動があると親の育て方のせいにされていたが、生まれつきの脳機能障害ということで、現在ではかなり周囲の理解は進みつつある。

ただ、学力などで特に問題がないと、親がその問題性を放置したまま学歴だけが積み上がり、卒業時の就職活動で苦労したり、就職できたとしても職場での対人関係がうまくいかず、うつ病や統合失調症などの二次障害を発生させるという問題がある。ＡＳＤ者を学校や職場で受け入れる際には、自閉症とはどのような症状なのか、その特徴について周囲が知っておくことは必須といえる。

そうしたなか、今世紀に入ってから、笑いに対する反応のちがいを通じてＡＳＤの特徴を分析する試みがなされるようになってきた。ＡＳＤ者がユーモアの感じ方について定型発達者と異なる性質を示すことは、以前からさまざまな研究で明らかにされてきた。たとえば、台湾国立師範大学の呉清麟らが高校生を対象に行った調査では、ASD学生はナンセンスジョークや不適合・解決型ジョーク（いわゆるボケとツッコミ）の理解に困難を来すという結果が示されている(6)。

一方、永瀬開と田中真理による思春期・青年期のASD者を対象とした一連の研究では、ASD者はユーモアそのものに関心がないわけではなく、その感じ方が定型発達者とは異なること、そしてそれが対人コミュニケーションにおける困難さの原因になっていることが示されている(7)。

Q1で示した笑いに至るまでのプロセスを考えれば、定型発達者と異なる脳機能を持つASD者が独特の笑いの感じ方をするのは当然といえる。すなわち、笑いの元となる不自然さは何をスタンダードとみなすかによって変わり得るし、親しみを持てない相手から発出された不自然さには笑えない。さらには、不自然さに対するこだわりが強ければ心を解放することは不可能だろう。

永瀬と田中は、ユーモアに対する感じ方のちがいがASD者の笑いへの積極性を阻害し、コミュニケーションを阻害する要因になっているとも指摘している。第2章で述べたように、笑いには人と人の間にある不自然な壁を取り払い、親近感を深める働きがある。その笑いが使えないということは、ＡＳＤ者との共生社会を構築するうえで大きなマイナスである。

この問題の対処法を考えるうえでまず必要なことは、ＡＳＤ者特有の認知構造について正しく理解することだろう。その点において、グランディン＝パネク（２０１４）は、ＡＳＤ当事者の手による著書だけにきわめて参考になる。グランディンらがＡＳＤ者の特徴としてまず挙げているのは、視覚思考の優位性である。具体的には「部屋に入ると真っ先に気づくのはテーブルのシミや床板の枚数」というように、細部に関心が行きやすく、〝木を見て森を見ず〟といった傾向が強いことを意味する[8]。

しかし、同書にはこれとは別の認知構造にも言及がある。グランディンらは「パターン思考」と名付けているが、その内容は視覚によって認知した画像や文字のなかに規則性を見出し、それをパターン化して脳内で処理するというものだ。そして、こうした思考法に秀でた人は、作曲、折り紙、数学、チェス、暗算などの分野で超人的なスピードで作品を仕上げたり、問題を解いたりすることができると分析している。

このように、ＡＳＤの特徴とされる対人コミュニケーションの難しさやこだわりの強さの背景には、脳の認知機能が関係しており、外見の印象だけでその原因を特定化することはきわめて難しいことがわかる。一方、本書でこれまで述べてきたように、笑いに至るプロセスも単純なものではなく、それゆえにさまざまな種類の笑いが存在し、環境の変化とともに進化をしてきた。Q47~Q50で扱った笑いと人間の健康の関係をより深く探るには、それらの複雑な構造をいったん解き明かしたうえで、両者を紡ぎ合わせるという地道な作業が必要なように思われる。

【第7章注】

（注1） 笑いの健康へのプラス効果については、日経BP（2019）にも同様の記述がある。

（注2） 同様の指摘は、R・マーティン（2011）360~363ページでもなされている。

（注3） 北海道浦河町にある障害者施設「べてるの家」では、統合失調症の症状緩和のためにCBTを積極的に活用している。たとえば「当事者研究」と呼ばれるセッションでは、メンバーたちが自らの生きづらさを〝幻聴さん〟などユニークな表現法を用いながら話し、それに他のメンバーが質問をしたりツッコミを入れたりする。そして、困ったときはどう対処すればうまくいくか各自が意見を出し合う。うまいツッコミがあったときなどは大きな笑いも起きるほどだ。こうした話し合いを通じてメンバーは自らの障害を受容でき、ときに笑いにつなげて心を解放することで自らの生きづらさを緩和しているのである。

（注4） Sandee（2018）。

（注5）大平哲也ほか（2011）、Takeda *et al.*（2010）を参照。
（注6）Wu *et al.*（2014）。
（注7）永瀬＝田中（2015）、永瀬（2018）など。
（注8）この細部から全体像を把握する〝ボトムアップ〟式の認知構造の事例を福井県若狭町の「熊川宿若狭美術館」で偶然発見した。そこに展示されていたASDの青年が創作したとされる精緻な油絵は、なんとキャンバスの最下部から毎日一行ずつ横に描くことにより、数カ月かけて完成したものだという。これは、全体の構図をある程度つくってから細部の作業にとりかかる通常の描き方とは正反対だ。

終章　笑いから何を学べるか

　これまで50のクエスチョンに答えるかたちで笑いについて考えてきたが、改めて感じるのは、笑いの奥深さである。快か不快かと問われれば快なのだろうが、通常の気持ちよさともちがう。単なる快感だけなら手足をストレッチしても得られるが、自分をくすぐっても笑わないし、電車の中で一人で笑っていたら変に思われる。こんな不思議な笑いを探求してきて何が得られたのか、本書を締めくくるにあたり、少し考えてみたい。

＊　＊　＊

　まずは笑いの原因となる不自然さについて考えてみよう。不自然さは単独では生まれない。自然なこと、すなわちスタンダードを認識してはじめて不自然なことが見出される。そして、スタンダードははじめから決まっているわけではなく、私たちが人工的に後からつくったものだ。つまり、スタンダードと不自然さは事象の表と裏であり、笑いはそれらを対比させているといってもよい。

ここで重要なことは、笑う人が何をスタンダードと定めているかということだ。たとえば、落語の与太郎を取り上げてみよう。いわゆる〝健常者〟の世界をスタンダードとすれば、与太郎は不自然な存在であり、その言い回しや態度に対してスタンダードに属する人たちが「何をバカなことやってんだ」と笑うことになる。しかし、与太郎のような存在が普通に私たちの身近なところにいる社会のほうをスタンダードだとしてみよう。すると、与太郎とどう向き合ってよいかわからず、振り回される周囲のほうが不自然な存在として笑いの対象になるのではないか。志村けんのコントを見ていて、〝デシ男〟に生ビールをぶちまけられたり、〝ひとみばあさん〟に振り回される客のほうが不自然な存在のように思えてしまうのは少々穿《うが》った見方なのだろうか。

ここで言いたいのは、笑いの中身をよく観察すれば、私たちが暗黙裡に何をスタンダードと考えているかが見えてくるということだ。パックンは日本の笑いを〝忖度文化〟の象徴とみなした。彼は笑いを通して日本のスタンダードを見たのだろう。常に周囲に迷惑をかけないように気を遣い、相手の反応を見越して気分を害さないように行動をとる。こうした忖度をすることが日本ではスタンダードであり、それに反する行いは空気が読めない不自然なこととみなされ、どこからともなく「いかがなものか」という声が聞こえてくる。

このことは、円楽が「航海（後悔）の真っ最中」という謎かけを用いて、一落語家の不倫を大袈裟に扱うメディアではなく、自らの不謹慎な行為を笑いの対象としてチャラにしたことからも明らかである。それができなかったミュージシャンの川谷絵音は忖度のできない人としてバッシングされた。これが今の日本の姿である。要するに、笑いは〝世の常識を映す鏡〟といえるのだ。

＊　＊　＊

笑いは心の解放が最終到達点である。これは不自然なことを〝ま、いっか〟とチャラにすることなので、笑われたほうは〝コケにされた〟と不快に思うことがあるかもしれない。笑われる＝バカにされていると思ってしまうからである。たしかに不自然なことが特定の人間の容姿や行動を指す場合、Q17でも述べたように、笑いはイジメにつながり得る。これは笑いのダークサイドといえるだろう。

しかし、笑いには長所もある。それは不自然さに対する寛容な対応を促すという点だ。たとえば、不自然さの内容が過去のイヤな出来事、苦い思い出、辛かったことなどだったとしよう。このとき、こうした忌わしい体験にいつまでも囚《とら》われていることが現時点での有益な活動の阻害要因になっているとすれば、精神的なＱＯＬ（生活の質）の低下をもたらすだろう。

また、ワイドショーや週刊誌などが、有名人たちの本業とは無関係の〝どうでもいい〟スキャンダルを大々的に取り上げ、視聴者や読者に当事者感を植え付けて怒りの感情を惹起させることがある。この不必要な怒りは、当事者を雲隠れさせ、問題の本質にかかわる議論を消し去り、結果として社会に大きな損失を与える原因となる。

笑いには、過去の出来事へのこだわりを氷解させ、無益な怒りを取り除く働きがある。チャラにするという表現が誤解を与えてしまうかもしれないが、この先ずっとかかわっていても苦しいだけで、かといって自身にその問題を解決する能力がないのであれば、さっさとチャラにしたほうが身のためであり社会のためでもある。笑いというすぐれた浄化作用をもっと積極的に活用すべきだろう。

＊　＊　＊

笑いの利点をことさら強調する人たちがいる。曰く、笑いは健康によい、笑いはストレス解消になる、みなさんもっと笑いましょう……云々。このようなことを言う人たちは、笑いが人間にとって外から与えられる外生的要因と考えているように思える。私は笑いに関するさまざまな理論や考え方を学んで最終的に「四段階説」に思い至ったとき、笑うという行為はとても〝大変なこと〟なのだと改めて気づいた。

たしかに、笑いはシステム2の働きを解除し、脳の負担を軽くする効果がある。だが、人間はQ1で示した四つのステップをクリアできてはじめて笑えるのである。お笑い番組や落語を見れば誰でも笑えるというわけではない。また、こうしたお笑いを見て笑える人は、日常的に笑いを活用できており、少なくとも健康的な生活を送っているといえる。もし、普段なら笑えるはずのことに笑えないならば、それは四つのステップのクリアを阻害する要因が脳機能のどこかに潜んでいる。簡単にいえば、笑えないということこそが、より有用な情報として扱われるべきなのだ。

本書では、心理学のシステム1とシステム2という概念を用いて、脳内で笑いに至るメカニズムを説明しようと試みた。だが、医学の分野において、笑いの生物学的なメカニズムの解明はほとんどなされていない。おそらく複雑すぎてよくわからないのかもしれないし、また笑い自体は病気でもないので、その構造がわかったところで「で、何が？」といった感じだろうか。

本書を書き終えたいま、私は笑いという感情表現が人類の進化の過程でしぶとく生き残り、その後のさまざまな社会環境の変化に対しても淘汰されることなく適応してきたということに対し、改めて驚きの気持を抱いている。科学の進歩がその秘密の扉を開けるのか、それとも謎のまま残るのか、笑いに対する興味は尽きない。

あとがき

「笑い」のことを考えるようになってから、ひとつだけ困ったことがあった。それは、落語や漫才を見ても素直に笑えなくなったことだ。寄席や〝よしもと〟の劇場に行っても、つい笑いの「四段階説」と照らして「なぜこのネタがウケるのか」「なぜ自分は面白いと思えないのか」などと考えてしまう。家でも意識的にお笑い番組を見るようにしていたが、そのときも家族に向かって「これは非当事者性の条件を満たしていない」とか「このネタではシステム２の働きが解放されない」などと話しかけてしまう。評判が悪いことこの上ない。なんとか本書を書き終えた今、周囲に迷惑をかけることなく心おきなく笑えるようになって、まずはホッとしている。

「笑い」という未知の世界の探求を終えるにあたり、ここで執筆に至るまでの経緯をご紹介するとともに、ご協力くださった関係各位への謝辞を申し述べたい。

まず、経済学者の私にとって、「笑い」の理論面からのアプローチは正直苦労が多かった。プラトンやベルクソンなど古典の記述は、自分の能力不足もあって理解が容易でなく、なかなか頭に入ってこなかった。そんなときハーレーほか『ヒトはなぜ笑うのか』のサーベイには本当に助けられた。この本のおかげで考え方の枠組みがある程度まで理解できるようになり、そこからは笑いの専門書を比較的スムースに読めるようになった。

「笑い」の研究分野においては、心理学と脳科学の知識が欠かせない。大学の同僚でもある木島伸彦准教授からは「四段階説」における〝非当事者性〟の重要性について教えていただいたし、読売新聞の読書委員会を通じて知り合った池谷裕二東京大学教授には「笑い」によってシステム２の働きを解放することの重要性について、いろいろと示唆をいただいた。

執筆にあたって現場に足を運ぶのは、自分の立てた仮説を確かめることに加え、新たな発見を得るためである。その点、お笑い芸人や落語家、さらにはプロダクションの方々へのインタビューはとても参考になった。特に、ＮＨＫ Ｅテレ『オイコノミア』で共演させていただいた又吉直樹さんからはＮＳＣに関する貴重な話を聞くことができたし、そもそも彼との出会いが「笑い」を研究しようと思い立った直接のきっかけにもなっている。また、同番組での共演を通じて知り合った柳家花緑師匠には、お弟子さんをご紹介いただき、落語界での裏方さんの役割についてお話をお聞きする機会を得た。よしもとクリエイティブ・エージェンシーの嶋村謙秀さんには、NSCの授業見学をはじめ、講師や受講生への取材に際して大変お世話になった。

現場取材といえば、森本茂樹株式会社スカイ・エー代表取締役社長との出会いは実に劇的なものだった。私は『高校野球の経済学』の執筆を契機に、毎年8月15日に甲子園球場を訪れるのを恒例にしている。昨年（二〇一八年）夏、たまたま高野連の理事の方から森本さんをご紹介いただいたのだが、驚くべきことに彼は私と大学の同期かつ落語研究会のOBであり、しかも長年M－1グランプリの制作に関わっておられたのだ。この森本さんを通じて、株式会社プロダクション人力舎やBS朝日『お笑い演芸館＋』のスタッフの方々とのつながりも生まれた。

なかでも最大の幸運は、森本さんから慶大落研OBでもある立川談慶師匠をご紹介いただいたことである。本文中にも書いたが、談慶師匠より直《じか》にうかがった生前の立川談志師匠とのやりとりについての逸話は、迫力に満ち溢れた内容だった。この出会いがなければ落語の章を仕上げることはできなかっただろう。

私は『障害者の経済学』を執筆した経験から、どのようなテーマでも、障害者問題とのかかわりについて関心を払うようにしている。「笑い」と精神疾患との関連については、伊藤絵美洗足ストレスコーピング・サポートオフィス所長との面談から、多くのヒントを得ることができた。

沖縄の笑いを調査するさいには、沖縄市泡瀬で障害者雇用に取り組んでおられる仲地宗幸さんから「劇団でいご座」の存在を教えてもらった。仲地さんには仲田幸子の公演で〝ウチナーグチ〟の通訳までしていただいた。また、私のゼミの卒業生でもある赤嶺奈織実さんのご尽力により、有限会社FECオフィスの小波津正光さんとの面談が実現した。

「笑い」という広範な分野にまたがるテーマを「四段階説」に基づいて扱っていく本書は、読みやすいかたちに構成するのがとても難しかったが、クエスチョンを立ててそれに答えるというスタイルに落ち着いてからは筆が進み、ほぼ3カ月で脱稿することができた。その過程で、慶應義塾大学出版会の増山修氏からさまざまな智恵をお借りすることができ、とても助かった。そして、本書の内容にぴったりの表紙を作成してくださった守先正氏の斬新なデザインには、ただ〝驚嘆〟の一言である。

このように、本書の執筆には多くの方々のご協力を得ている。そのご厚意に心より感謝申し上げたいと思う。もちろん、本書にありうべき誤りはすべて著者である私の責任であることは言うまでもない。

なお、本書は慶應義塾大学学事振興資金より研究助成を受けていることを申し添えておく。

二〇一九年　令和最初の年の夏に

中島　隆信

参考文献

（邦文文献）

池谷裕二「山を下りる時に〝ダジャレが増える〟人の脳」プレジデントオンライン、２０１８年、11月25日。

伊藤絵美『ケアする人も楽になる　認知行動療法入門　ＢＯＯＫ１&２』、医学書院、２０１１年。

ヴォーゲ、Ｇ．「外国語のユーモア教育について：日本語学習者対象の授業および英語学習者日本人対象のケーススタディーから」『大阪大学日本語日本文化教育センター授業研究』２０１６年。

梅原猛『笑いの構造』角川選書、１９７２年。

大平哲也ほか「笑い・ユーモア療法による認知症の予防と改善」『老年精神医学雑誌』22：32〜38ページ、２０１１年。

介護ロボットＯＮＬＩＮＥ「『こんなのあるんだ！』がきっと見つかる」（https://kaigorobot-online.com/）

カーネマン、Ｄ．『ファスト&スロー　上下』（村井章子訳）ハヤカワ・ノンフィクション文庫、２０１４年。

木村晴美『日本手話と日本語対応手話（手指日本語）　間にある「深い谷」』生活書院、２０１１年。

グランディン、T．、R・パネク『自閉症の脳を読み解く　どのように考え、感じているのか』NHK出版、2014年。

小波津正光『お笑い沖縄ガイド』NHK出版生活人新書、2009年。

ザルカダキス、G．『AIは「心」を持てるのか』（長尾高弘訳）日経BP社、2015年。

邵東方『漫才の笑いにおける〈ツッコミ〉の美的特性に関する考察』『美学藝術学研究』東京大学大学院人文社会系研究科・文学部美学芸術学研究室、191〜271ページ、2018年。

立川談慶『大事なことはすべて立川談志に教わった』KKベストセラーズ、2013年。

――『なぜ与太郎は頭のいい人よりうまくいくのか　落語に学ぶ「弱くても勝てる」人生の作法』日本実業出版社、2017年。

立川談志『現代落語論　笑わないでください』三一新書、1965年。

――『「現代落語論」其二　あなたも落語家になれる』三一書房、1985年。

――『談志最後の落語論』梧桐書院、2009年。

中島隆信『オバサンの経済学』東洋経済新報社、2007年。

永瀬開、田中真理「自閉症スペクトラム障害者におけるユーモア体験の認知処理に関する検討：構造的不適合の評価と刺激の精緻化に焦点をあてて」『発達心理学研究』第26巻第1号、35〜45ページ、2015年。

――――「自閉症スペクトラム障害傾向が笑いに対する積極性に与える影響―自閉症スペクトラム指数を用いた検討―」『人間環境学研究』第16巻第1号、35～42ページ、2018年。

日経BP「笑うだけ健康法」『日経おとなのOFF』日経BP社、2019年2月号。

パックン（パトリック・ハーラン）「『忖度の国』のお笑いスキル」『ニューズウィーク日本版』26～28ページ、2018年5月15日号。

ハーレー、M.、D・デネット、R・アダムス『ヒトはなぜ笑うのか』（片岡宏仁訳）、勁草書房、2015年。

ビリッグ、M.『笑いと嘲り　ユーモアのダークサイド』（鈴木聡志訳）、新曜社、2011年。

ヒロシ『ヒロシの自虐的幸福論』大和書房、2019年。

フリードマン、H.、L・マーティン『長寿と性格　なぜあの人は長生きなのか』（桜田直美訳）、清流出版、2012年。

マグロウ、P.、J・ワーナー『世界〝笑いのツボ〟探し』（柴田さとみ訳）、株式会社CCCメディアハウス、2015年。

松阪崇久「新生児・乳児の笑いの発達と進化」『笑い学研究20』17～31ページ、2013年8月。

マーティン、R.『ユーモア心理学ハンドブック』（野村亮太他監訳）、北大路書房、2011年。

マーレン、C.『世にも奇妙なニッポンのお笑い』NHK出版新書、2017年。

溝上憲文「裸踊りもセクハラ『男部下』告発事例」『プレジデントオンライン』２０１５年4月10日。

森荘也、佐々木倫子編『手話を言語と言うのなら』ひつじ書房。２０１６年。

森田真也「沖縄の笑いにみる文化の相対化と戦略的異化」『筑紫女学園大学・短期大学部人間文化研究所年報』25号、61〜74ページ、２０１４年。

柳家花緑「感覚をひらく人たち」、『ＤＮＰミュージアムラボＮｏ・７』、２０１８年。

(http://www.museumlab.jp/sense/vol48/no7.html)

山本進『落語の履歴書　語り継がれて４００年』小学館１０１新書、２０１２年。

吉村誠『お笑い芸人の言語学』ナカニシヤ出版、２０１７年。

落語芸術協会「落語家の階級」(https://www.geikyo.com/beginner/what_class.html)

ラリー遠田「情報番組ＭＣはなぜ、マツコ、春菜、博多大吉らツッコミが重宝されるか？」『ＡＥＲＡｄｏｔ．』２０１８年7月。

李珊、渋谷昌三「社会的笑いに関する心理学研究の動向」『心理学研究』第7号、81〜93ページ、２０１１年。

ル・ボン、Ｇ．『群集心理』（櫻井成夫訳）、講談社学術文庫、１９９３年。

（英文文献）

Anderson, W. and N. DiTunnariello "Aggressive Humor as a Negative Relational Maintenance Behavior during Times of Conflict," *The Qualitative Report*, Vol.21, No.8, Article 8, pp. 1513-1530, 2016.

Armstrong, J.K. "Where does canned laughter come from - and where did it go?" *BBC Culture*, 26, September 2016. (http://www.bbc.com/culture/story/20160926-where-does-canned-laughter-come-from-and-where-did-it-go)

Barreca, R. "Dirty Jokes Women Tell When Men Aren't Around," *Psycology Today*, April 14, 2013.

Bressler, E.R. and S. Balshine "The influence of humor on desirability," *Evolution and Human Behavior*, 27, pp. 29-39, 2004.

Cohan, C.L. and T.N. Bradbury"Negative Life Events, Marital Interaction, and the Longitudinal Course of Newlywed Marriage," *Journal of Personality and Social Psychology*, Vol.73, No.1, pp. 114-128, 1997.

Dixon, N.F. "Humor: A cognitive alternative to stress?" in Sarason, I.G. and C.D. Spielberger eds. *Stress and anxiety*, vol. 7, pp. 281-289, 1980.

Gottman, J.M. *What predicts divorce?: The relationship between marital processes and marital outcomes*, Lawrence Erlbaum Associates, Publishers, 1994.

Greengross, G. "How Humor Can Change Your Relationship," *Psychology Today*, Nov. 17, 2018.

Kaufman, S.B., A. Kozbelt, M.L. Bromley and G.L. Miller "The role of Creativity and Humor in Human Mate Selection," in G. Geher and G. Miller (Eds.), *Mating Intelligence: Sex, Relationships, and the Mind's Reproductive System*, pp. 227-262, 2006.

Lampert, M.D. and S.M. Ervin-Tripp "Exploring paradigms: The study of gender and sense of humor near the end of the 20th century," in Ruch, W. eds: *The sense of humor: Explorations of a personality characteristic*, pp. 231-270, Berlin, Germany: Walter de Guyter, 1998.

Provine, R.R. *Laughter: A Scientific Investigation*, Viking, 2000.

Sandee LaMotte "Stress might lead to memory loss and brain shrinkage, study says," *CNN*, Oct. 25, 2018. (https://edition.cnn.com/2018/10/24/health/stress-memory-loss-under-50-study/index.html)

Speier, H. "Wit and Politics: An Essay on Laughter and Power," *American Journal of Sociology*, Vol.103, No.5, pp. 1352-1401, 1998.

Takeda, M. *et al*. "Laughter and humor as complementary and alternative medicines for dementia patients," *BMC Complementary and Aternative Medicine*, 2010.

Travis, J. "The Brain's funny bone: Seifeld, The Simpsons spark same nerve circuits," *ScienceNews*, Nov. 13, 2002.

Walker, R. "The Lives they lived; Making us laugh," *The New York Times Magazine*, Dec. 28, 2003.

Wu, C. L. Tseng, C. An, H. Chen, Y. Chan, C. Shih and S. Zhuo "Do individual with autism lack a sense of humor? A study of humor comprehension, appreciation, and styles among high school students with autism," *Research in Autism*, Spectrum Disorders 8, pp. 1386-1393, 2014.

【著者略歴】

中島　隆信（なかじま　たかのぶ）

慶應義塾大学商学部教授

1960年生まれ。83年慶應義塾大学経済学部卒業、88年同大大学院経済学研究科博士課程単位取得退学、商学部助手に就任。91年慶應義塾大学商学部助教授、2001年同教授。同年、博士号（商学）取得。学位請求論文『日本経済の生産性分析』（日本経済新聞社）により、義塾賞受賞。06年、『障害者の経済学』（東洋経済新報社）により、日経・経済図書文化賞受賞。07年9月～09年3月まで慶應義塾大学を休職、内閣府大臣官房統計委員会担当室長。09年復職、現在に至る。

この間、慶應義塾大学産業研究所長、日本相撲協会「ガバナンス整備に関する独立委員会」委員などを歴任。

主な業績

『テキストブック入門経済学』（共著）『テキストブック経済統計』（共著）『大相撲の経済学』『お寺の経済学』『障害者の経済学』『オバサンの経済学』（以上、東洋経済新報社）、『日本経済の生産性分析』（日本経済新聞社）、『こうして組織は腐敗する』（中公新書ラクレ）、『経済学ではこう考える』（慶應義塾大学出版会）ほか多数。

「笑い」の解剖

――経済学者が解く50の疑問

2019年9月14日　初版第1刷発行

著　者――――中島隆信

発行者――――依田俊之

発行所――――慶應義塾大学出版会株式会社

〒108-8346　東京都港区三田2-19-30

TEL〔編集部〕03-3451-0931

〔営業部〕03-3451-3584〈ご注文〉

〔　〃　〕03-3451-6926

FAX〔営業部〕03-3451-3122

振替　00190-8-155497

http://www.keio-up.co.jp/

装　丁――――守先正

印刷・製本――中央精版印刷株式会社

カバー印刷――株式会社太平印刷社

Printed in Japan　ISBN978-4-7664-2614-4